# AI 영상 커머스의 설계

# AI 영상 커머스의 설계

**초판 1쇄 발행** 2025년 12월 24일

**지은이** 이영렬
**펴낸이** 류태연

**펴낸곳** 렛츠북
**주소** 서울시 영등포구 문래북로 116, 1005호
**등록** 2015년 05월 15일 제2018-000065호
**전화** 070-4786-4823 **팩스** 070-7610-2823
**홈페이지** http://www.letsbook21.co.kr **이메일** letsbook2@naver.com
**블로그** https://blog.naver.com/letsbook2 **인스타그램** @letsbook2

**ISBN** 979-11-6054-791-7 13320

# AI 영상 커머스의 설계

이영렬 지음

THE DESIGN OF
AI VIDEO
COMMERCE

〔 서 문 〕

# AI 시대, 영상 커머스의 새로운 물결

e-커머스는 '검색해서 사는 시대'에서 '영상으로 사는 시대'로 넘어가고 있습니다. 핸드폰 스크롤을 멈추는 단 몇 초, 영상 장면이 감정을 흔들어 구매 링크로 이끕니다. 모든 영상 콘텐츠가 온라인 상점의 매대가 되는, 이른바 '영상 커머스'의 시대가 몰려오고 있습니다.

저자는 약 15년 전인 2010년, 당시에는 뉴 미디어였던 인터넷TV(IPTV)에서 영상 커머스를 구현하려고 노력했습니다. 인터넷TV 플랫폼 회사 임원으로서, 시청자가 소파에 기대 드라마를 보다가 리모컨을 움직여 주인공이 입은 옷 같은 상품을 살 수 있게 하는 양방향 서비스를 출시하려고 했던 것입니다. 당시 기술적으로는 가능했는데 드라마 제작사와 사전 협의하여 주인공이 입는 옷의 이미지 등 데이터를 미리 받아 서버에 넣어두는 게 어려워 제대로 구현되지 못했습니다. 다만 김연아의 피겨 스케이팅 갈라 쇼를 생중계하는 채널 방송에서 '김연아 주얼리 전'을 시도해 경기 때 착용하는 목걸이 등 수백 개를 판매한 기억이 있습니다.

그런데 이제 스마트폰으로 드라마를 보다가 주인공이 입은 옷을 사는 시대가 열렸습니다. 글로벌 OTT 넷플릭스는 〈에밀리 인 파리 시즌 4〉에서 주인공이 입은 코트와 똑같거나 비슷한 상품을 구글 렌즈 화면을 통해 구입할 수 있게 하였습니다. 유튜브나 인스타그램, 틱톡의 숏폼 영상을 보다가 상품을 구매하는 방식은 대중화되고 있습니다. 2025년 11월 경주에서 열린 APEC(아시아태평양 경제협력체) 정상회의에 참석한 미국 '브라이터 이어'사의 샨티 그로스먼 대표는 자사 컬러링 북을 틱톡 영상을 통해 틱톡 숍에서 판매한 이후 매출이 무려 2만 퍼센트 증가했다고 밝혔습니다. 그는 "소비자가 틱톡 영상을 보다가 클릭 두 번만으로 제품을 바로 구매할 수 있다"며 "소비자와 생산자가 플랫폼 안에서 (영상을 통해) 직접 연결되는 구조가 주류가 될 것"이라고 말했습니다.

이 회사뿐 아니라 수많은 영상 크리에이터들도 자신들의 SNS 영상에 구매 링크를 넣어 상품을 판매하며 수익을 올리고 있습니다. 이제 생성형 인공지능(AI)을 활용하면 영상 촬영이나 편집을 몰라도 누구나 숏폼 영상을 만들 수 있습니다. AI로 나만의 스마트 상점도 어렵지 않게 운영할 수 있습니다. 일례로 지역에서 핸드 메이드 액세서리를 판매하는 한 소상공인은 매주 인스타그램에 짧은 제작 과정을 담은 영상을 올립니다. '이 귀걸이를 만든 이유', '어떤 옷에 어울리는지', '고객이 보낸 착용 사진' 등을 스토리텔링 형식으로 풀어냅니다. 그 결과, 영상 하나로 상품 수백 개가 팔리고, 브랜드 인지도는 지역을 넘어 전국으로 확장되었습니다. AI를 활용해 자막 번역이나 더빙을 하면 글로벌 고객도 공략할 수 있습니다. 영상 콘텐츠 기반의 커머스가 새로운 주류로 자리를 잡아가고 있고, 소비자의 쇼핑 방식도 완전히 바뀌어 가는 것입니다.

이 책은 영상 커머스를 새로 시작하려는 분이나 이미 시작했지만 더 나은 전략을 고민하는 분들을 위한 안내서입니다. AI를 활용하여 영상을 제작하는 과정과 끌리는 스토리를 만드는 일, 온라인 상점을 열고 운영하는 방법을 담았습니다.

책은 다섯 개의 장으로 구성되어 있습니다. 첫 번째 장에서는 숏폼 등 영상이 왜 e-커머스의 핵심이 되었는지를 살펴보고, 두 번째 장에서는 생성형 AI를 활용해 영상 콘텐츠를 쉽고 빠르게 제작하는 방법을 소개합니다. 세 번째 장에서는 영상의 핵심인 스토리텔링 구성법을 다루며, 네 번째 장에서는 AI를 활용한 스마트 상점 운영의 실제 사례를 공유합니다. 마지막 장에서는 영상 커머스의 전략적 운영과 앞으로의 진화 방향을 함께 고민해 봅니다. 각 장의 모든 글들은 블로그용으로 작성된 것들인데 장별로 하나의 체계를 이룰 수 있도록 꾸몄습니다. 블로그 글의 작성에서 상당 부분 생성형 인공지능을 활용하였음을 밝힙니다. 물론 글 내용의 책임은 전적으로 저자에게 있습니다.

앞으로 영상 커머스는 빠른 속도로 발전하는 AI 기술과 접목되고, 영상 콘텐츠의 장르를 넓히면서 '초융합 커머스'로 진화할 것입니다. 소비자의 쇼핑은 '포탈에서의 검색과 가격비교, 장바구니 담기'의 공식에서 벗어나 '영상 콘텐츠 안에서 끝나는' 개념으로 바뀌어 갈 것입니다. 소비자는 온라인 가상공간인 메타버스 안에서 걷다가 마음에 드는 제품을 발견하면 사용해 보고 바로 구매하는 날도 올 것 같습니다.

이 책이 AI 기술이나 영상 제작을 잘 알지 못하는 분들에게도 영상 커머스를 운영하기 위한 하나의 설계도가 되어, 그들이 미래 상거래의 변화의 큰 물결에 올라타 기회를 잡고 변화를 주도하기를 바랍니다.

이 자리를 빌려 책을 만드는 과정에서 도와주신 분들께 깊은 감사를 드립니다. 특히 서울예대에서 예술과 경영에 대해 지도해 주신 유덕형 창학자님, 영상 제작과 인공지능 활용에서 도움을 주신 서울예대 방송영상 전공의 동료 교수님들께 감사 인사를 드립니다.

2025년 12월

**이 영 렬**

〔 목 차 〕



# I.
# e-커머스, 숏폼 영상으로 판다



# II.
# 생성형 AI를 활용한 숏폼 영상 제작

# IV.
# AI로 나만의 스마트 상점 운영

# V.
# 영상 커머스의 전략적 운영과 미래

# I

# e-커머스, 숏폼 영상으로 판다

REC

# 드라마 보다가 구매, 영상 커머스 시대가 온다

파리의 저녁, 다리 위에 선 넷플릭스 드라마의 여자 주인공. 그녀의 모피 코트가 클로즈업되자, 당신은 화면을 잠시 멈추고, 영상의 장면을 캡처해서 구글 렌즈에 올립니다. 몇 초 뒤, 비슷한 디자인의 코트들이 화면에 뜹니다. 색상도 사이즈도 다양한 가운데, 딱 마음에 드는 스타일이 보입니다. 터치 한 번으로 결제 페이지로 넘어가고, 드라마 속 장면에서 쇼핑까지 단 수십 초면 끝이 납니다. 이제 드라마는 재미있는 이야기인 동시에 온라인 상점의 '매대'입니다. 넷플릭스와 구글이 공식 협력하여 만든 〈에밀리 인 파리 시즌 4〉의 새 기능은 '영상을 보면서 구매하는 쇼핑'의 한 사례입니다.

뉴욕 브루클린. 한 직장인은 퇴근 후 침대에 누워 틱톡을 봅니다. #TikTokMadeMeBuyIt 피드. 30초짜리 영상에서 한 여성이 '바나나 슬라이서'를 보여줍니다. 너무 귀엽고 편리해 보입니다. 화면 하단에 떠 있는 '숍(Shop)' 버튼을 누릅니다. 인앱 페이지로 이동, 그대로 결제까지 끝이 납니다. 다시 스크롤을 내리니 또 다른 숏폼이 자동 재생됩니다. 또 다른 제품, 또 다른 유혹. 틱톡 숍의 핵심은 이 '루프 구조'입니다. 보면서 사고, 사고 나면 또 봅니다. 외부 사이트 로그인도 필요 없습니다. 영상이 곧 상점이고, 알고리즘은 당신의 지갑을 노리는 영업 사원입니다.

서울 지하철. 한 대학생은 유튜브에서 '자취템 꿀팁' 영상을 봅니다. 영상 아래 '상품 보기'가 뜹니다. 책상 위에 올려놓을 소형 가습기, 링크를 누르면 쿠팡으로 연결되며 클릭 두세 번이면 배송 준비 완료입니다. 이는 유튜브가 쿠팡과 손잡고 도입한 쇼핑 제휴 시스템 덕분입니다. 이제 영상은 사용자와 상품을 직접 연결하는 유통 채널입니다.

## ▷ 이제, 쇼핑은 영상에서 시작된다

할머니 세대가 시장에 가서 물건을 눈으로 보고 고르던 시절이 있었습니다. 요즘 세대도 다르지 않습니다. 단지 그 시장이 스마트폰 속 영상 플랫폼으로 옮겨왔을 뿐입니다. 검색창에 '화이트 셔츠 추천'을 치던 소비자는 이제 유튜브나 인스타그램에서 예쁜 셔츠를 발견하고 바로 구입합니다. 드라마를 보다 마음에 든 가방을 보고 SNS에 찾아봅니다. 검색에서 쇼핑이 시작되는 게 아니라, '보는 것'에서 욕망이 시작됩니다

왜 이런 변화가 생겼을까요? 이유는 간단합니다. 쇼핑은 이성보다 감정이 중요하기 때문입니다. 누군가 드라마 속에서 입은 옷을 보면, 단순히 그 옷이 예뻐서가 아니라, 그 장면에 들어가고 싶은 마음, 그 감정선을 따라가고 싶은 욕망이 작동합니다. '나도 저렇게 되고 싶다'는 상상이 지갑을 엽니다.

영상은 이 몰입을 극대화합니다. 이미지, 배경음악, 대사, 분위기 등

모든 것이 한데 어우러져 감정을 흔듭니다. 그러니까 보는 즉시 사고 싶은 것입니다. '정보' 중심의 쇼핑에서 '감정' 중심의 쇼핑으로 소비의 법칙이 바뀌었습니다.

## ▷ AI와 플랫폼 기술의 결합

콘텐츠 커머스를 가능하게 만든 것은 기술입니다. 영상에 상품을 태그하고, 인식하고, 자동 연결하는 모든 기능이 AI와 플랫폼 기술의 결합 덕분입니다.

- 넷플릭스×구글은 영상으로 쇼핑을 가능케 했습니다.
- 틱톡은 인앱 결제로 결제 장벽을 없앴습니다.
- 유튜브×쿠팡은 콘텐츠와 상품을 바로 연결했습니다.
- CJ온스타일은 예능이라는 형식을 커머스에 접목했습니다.

이건 단순한 기능 개선이 아니라, 콘텐츠와 쇼핑의 경계를 허무는 인프라 혁신입니다.

## ▷ 콘텐츠는 쇼윈도, 알고리즘은 점원

이제 유튜브 영상 하나가 상점이고, 틱톡 영상이 매대입니다. 화면은 쇼윈도, 알고리즘은 고객 취향을 알아서 맞추는 점원입니다. 그리고 구매는 '보는 순간' 시작됩니다.

이제 '보는 것이 사는 것(See now, buy now)'인 시대입니다. 쇼핑은 더 이상 계획의 결과가 아니라, 콘텐츠 안에 숨겨진 우연한 발견이 되었습니다. 기업 입장에서는 제품의 성능보다 이야기의 감도가 중요해졌습니다.

예전엔 '이 제품이 얼마나 좋은가'를 보여주는 광고가 중심이었다면, 지금은 '이 제품이 어떤 세계를 만들어 주는가'가 핵심입니다.

이런 변화는 콘텐츠가 단지 광고의 수단이 아니라, 자체로 유통 채널이자 상점이 되었음을 뜻합니다. 영상 내러티브가 세일즈가 된 시대, 제품을 보여주는 것이 아니라, 욕망의 서사를 전달해야 팔립니다.

**··· 마무리 ···**

Z세대는 '검색'보다 '발견'을 통해 소비합니다. 스크롤 속 영상에서, 드라마 한 장면에서, 유튜브 한 편에서 자신만의 '소비 포인트'를 발견하고 구매합니다. 그리고 그 배후에는 기술, 알고리즘, 내러티브가 있습니다. 그 모든 것이 유기적으로 결합될 때, 콘텐츠는 단순한 재미를 넘어 쇼핑 생태계의 허브로 진화합니나.

# AI, 영상 커머스의 견인차

예전엔 상품 설명을 꼼꼼히 읽고 사는 사람들이 많았습니다. 그런데 지금은 글을 읽지 않고, 영상만 보고 사는 경우가 많습니다. 또한, 요즘 사람들은 상품 페이지에 글이 가득한 것을 좋아하지 않습니다. 하지만 짧고 빠르게 설명해 주는 영상이 뜨면? 눈이 번쩍! 귀가 쫑긋! 그들의 손가락은 '구매하기'를 향합니다.

## ▷ 이제, 읽기보다는 보고, 듣고, 산다

예전엔 제품 사진 한 장 보고 사는 게 당연했지만, 이젠 움직이는 사진, 즉 영상이 없으면 뭔가 허전합니다.

- 냄비는 끓는 소리를 들어봐야 안심이 됩니다.
- 옷은 사람이 입고 움직이는 걸 봐야 진짜 핏이 느껴집니다.
- 청소기는 소리 크기, 흡입력까지 확인해야 믿음이 생깁니다.

실제로도 영상이 있는 상품은 전환율(구매 비율)이 평균 2배 가까이 높습니다. 유튜브 쇼핑 이용자의 67%는 "영상이 구매 결정에 도움이 됐다"고 답했습니다. 사람은 감정에 따라 움직이고 영상은 그 감정을 움직입니다.

## ▷ AI, 영상 커머스의 견인차

예전엔 영상 하나 만들려면 카메라, 조명, 모델, 편집자까지 필요했죠. 돈도 많이 들고, 시간도 오래 걸리고요. 그런데 지금은 AI 도구들이 영상 제작을 거의 '즉석요리'처럼 쉽게 만들어 줍니다.

예를 들어, Synthesia, Runway, Heygen, Pika 같은 AI 툴을 쓰면, 텍스트만 넣어도 사람이 말하는 영상이 자동으로 생성되고, 버튼 몇 번만 누르면 제품 설명 영상이 뚝딱 만들어집니다.

AI는 영상 커머스에서 3가지 역할을 합니다.

- 자동 제작: 제품 설명, 홍보 영상을 AI가 대신 만듭니다.
- 개인화 광고: 소비자의 취향에 맞춰 '맞춤 영상'을 자동으로 보여줍니다.
- 판매 연동: 영상 안에서 클릭하면 바로 구매창으로 연결해 줍니다.

## ▷ 영상이 곧 '진열대'

예전엔 백화점 매장에 상품을 예쁘게 진열해 놓았습니다. 그런데 지금은 핸드폰 속 영상이 그 진열대를 대신합니다.

- 네이버, 쿠팡, 유튜브, 인스타그램까지 모두 '영상 쇼핑 플랫폼'이 되고 있습니다.
- 브랜드 자체 쇼핑몰도 영상 중심으로 개편되고 있습니다.
- 영상으로 쇼핑해 본 경험자가 증가하고 있습니다.
- 영상 리뷰가 있는 상품은 반품률이 낮습니다.

왜일까요? 그것은 소비자가 상품을 미리 써본 것처럼 느끼기 때문입니다. 마치 '입어보고 산 것처럼', '켜보고 산 것처럼' 생각하니까 실망이 적은 것이죠.

## ▷ 사람 + AI의 협업, 이제 마케터는 연출가

AI가 사람 일을 뺏는 것 아니냐고 걱정하는 분도 있겠지만, AI는 단순 노동을 대신할 뿐, 아이디어와 전략은 여전히 사람이 만들어 냅니다. 앞으로 마케팅팀은 이렇게 구성될 겁니다.

- 영상 기획자
- 데이터 분석가

- AI 도구 운용자

예를 들어, 글로벌 화장품 브랜드 L사는 AI로 나이, 피부색, 지역별로 다른 영상 광고를 보여줬습니다. 그 결과, 클릭률이 2.4배나 높아졌다고 합니다.

20세기엔 싸게 팔면 팔렸고(가격 경쟁), 2000년대엔 예쁘게 보여야 팔렸지만(이미지 경쟁), 앞으로는 누가 더 매력적인 영상과 알고리즘을 갖췄느냐의 싸움이 될 것입니다. 앞으로 브랜드가 해야 할 일은 무엇이 있을까요?

- 상품보다 영상을 먼저 설계해야 합니다.
- AI 영상 도구 + 고객 데이터를 결합해 지속적인 구매 전환 시스템을 만들어야 합니다.

이제, 영상은 마케팅의 판매 매대이사, 가게 직원입니다.

**··· 마무리 ···**

AI는 영상을 만들고, 영상은 매출을 만듭니다. 이제 영상이 브랜드의 얼굴이면서 쇼윈도입니다. 빠른 속도로 발전하는 AI 기술은 누구나 영상을 만들고 스마트스토어를 운영할 수 있게 해줍니다. AI는 영상 커머스의 견인차입니다.

# 영상은 감정과 신뢰를 동시에 건드린다

*'사람들은 평균 8초 만에 관심을 잃지만,*
*그 8초 안에 보여주는 영상은 메시지를 완성한다.'*

요즘 사람들은 긴 글을 읽지 않습니다. 스마트폰을 휙휙 넘기며 흥미 있는 것만 찾아다니죠. Microsoft의 조사에 따르면, 요즘 사람들의 주의 집중 시간은 고작 8.25초밖에 되지 않는다고 해요. 그 짧은 순간, 고객의 마음을 사로잡고 싶다면? 바로 '영상 콘텐츠'가 답입니다.

## ▷ 텍스트는 설명하고, 이미지는 보여주지만…

여러분은 전자제품 설명서를 읽고 감동했던 적이 있으신가요? 아마 없을 겁니다. 글은 정보를 전달하는 데는 탁월하지만, 감정까지 전달하기는 어렵습니다.

실제로 한 실험에서 텍스트만으로 구성된 제품 페이지는 평균 체류 시간이 34초에 불과했지만, 영상이 포함된 페이지는 무려 1분 47초 동안 머물렀고, 구매 전환율도 2.3배나 높았습니다. 텍스트는 머리로 이해되지만, 가슴으로 느껴지지 않는다는 말이 딱 맞죠.

한편 이미지는 텍스트보다 훨씬 빠르게 시선을 끌 수 있습니다. 하지만 문제는 그걸로 끝이라는 점이죠. 예를 들어, 한 인테리어 업체가 작업을 마치고 전후 비교 사진을 올렸을 때보다 변화 과정을 담은 짧은 영상을 올렸을 때 사람들의 반응이 훨씬 좋았습니다. 댓글 참여율은 3.2배, 저장률은 무려 5배나 더 높았습니다. 이미지는 스냅샷 한 장으로 '여기 봐!'라고 손짓하긴 좋아도, '이게 왜 중요한지'까지 설명하지는 못합니다.

## ▷ 영상은 '제품'이 아니라 '경험'을 판다

그렇다면 영상은 어떨까요? 영상은 눈(시각), 귀(청각), 그리고 언어(자막, 설명)를 한 번에 자극합니다. 이걸 '멀티모달 자극'이라고 부르는데, 쉽게 말해 여러 감각을 동시에 두드리는 콘텐츠인 거죠.

MIT의 한 연구에 따르면, 사람은 영상 속 감정을 단 40밀리초 만에 인식한다고 합니다. 영상이 글이나 사진보다 훨씬 빠르게, 더 깊게 감정을 전달할 수 있는 겁니다. 또한 Brightcove의 조사에 따르면, 소비자 10명 중 7명이 "영상 콘텐츠를 본 후 제품에 대한 신뢰가 높아졌다"고 말했다고 합니다. 즉 믿음을 만든다는 것이죠. 영상의 진짜 힘은 보여주는 것을 넘어서 경험하게 하는 것입니다.

Nike의 'You Can't Stop Us' 캠페인 영상은 단 하나의 편집 영상으로 유튜브에서 5,800만 회 이상 조회되었고, 브랜드 호감도가 크게 올라

갔습니다. 단순히 운동복을 파는 게 아니라, '우리는 멈추지 않는다'는 메시지를 소비자들이 감동적으로 경험하게끔 한 것이죠.

또한, 어떤 SaaS(소프트웨어 기업)에서는 고객 인터뷰 영상을 활용했더니, 리드 전환율이 무려 3.8배나 높아졌습니다. 실제 고객의 얼굴, 목소리, 표정이 담긴 영상이 다른 고객들에게 신뢰를 만들어 내기 때문입니다.

**··· 마무리 ···**

우리는 정보를 보고 판단하기보다는 감정을 느끼고 결정합니다. 당신의 브랜드가 고객에게 단순히 '보여지길' 원하나요? 아니면 진짜로 '믿어지길' 원하나요? 그 답은 영상입니다. 영상은 감정과 신뢰를 동시에 건드립니다.

# '숏폼 + 쇼핑', SNS 숏핑의 기세

요즘 사람들은 물건을 고를 때도 길게 설명 듣는 걸 싫어합니다. 시장에서도 호객행위를 듣기보다 눈에 확 띄는 물건 쪽으로 발길이 가는 경우가 많아졌습니다. 그래서 요즘은 짧고 강한 영상, '숏폼(Short-form)'이 쇼핑의 주인공이 되었답니다.

## ▷ 짧지만 강하다! 숏폼의 매력

틱톡, 인스타그램 릴스, 유튜브 쇼츠… 이들의 공통점은 뭘까요? 바로 1분 이내 짧은 영상이라는 점이죠. 요즘 사람들은 이 짧은 시간 안에 '살까, 말까'를 결정해요. 예전엔 물건 사기 전에 꼼꼼히 비교하고 검색했지만, 지금은 영상 하나 보고 바로 결제하는 시대예요.

마치 대형 마트 시식 코너에서 한 입 먹어본 음식이 맛있다 싶으면 바로 구매하듯이, 숏폼 영상은 그 한 입 역할을 합니다. 딱 보면 감이 오고, 맘에 들면 바로 '장바구니'로 직행이죠.

메타(Meta) 보고서에 따르면, 숏폼 영상 광고는 긴 영상보다 높은 전환율을 기록했어요. 이 말은 사람들이 짧은 영상을 보고 물건을 살 확률이 훨씬 높다는 것이죠.

숏폼이 강력한 이유는 감정을 먼저 자극하기 때문이에요. '이 제품이 얼마나 좋은지'를 설명하기보다 '이걸 쓰면 나도 저렇게 예뻐질 수 있을까?'라는 상상을 하게 만드는 거죠.

예를 들어, 샤넬에서 립스틱 컬러가 한순간에 변하는 10초짜리 영상을 올렸더니 관련 해시태그 검색량이 3배 이상 늘어났다고 해요. 국내에서도 네이버 스마트스토어에 숏폼 영상을 올린 상품이 그냥 사진만 있는 상품보다 18~25% 더 많이 팔렸답니다.

쉽게 말해, 숏폼은 '이거 사세요!'가 아니라 '이걸 쓰면 당신도 이렇게 돼요!' 하고 살짝 유혹하는 거죠. 그리고 바로 이 감정의 찰나가 구매 버튼을 누르게 만드는 결정적인 순간이에요.

## ▷ 숏폼 VS 롱폼

| 항목 | 숏폼 영상 | 롱폼 영상 |
|---|---|---|
| 목적 | 즉시 클릭, 구매 유도 | 브랜드 이미지, 정보 전달 |
| 시청 패턴 | 짧고 반복적 | 집중해서 길게 봄 |
| 효과 지표 | 전환율, 공유, 댓글 | 조회수, 시청 시간 |
| 플랫폼 | 틱톡, 릴스, 쇼츠 | 유튜브 본편, 광고, 다큐 |

숏폼은 설득하지 않아요. 그냥 보여주고, 느끼게 하고, 손가락이 구

매 버튼을 누르게 유도하죠. 그러므로 브랜드 입장에서는 길게 설명하는 콘텐츠보다 짧고 강한 한 방이 매출을 올리는 데 훨씬 효과적인 거예요.

예전엔 검색창을 통해 상품을 찾아봤지만, 이제는 SNS 피드를 스크롤하다가 '우연히' 마음에 드는 상품을 발견하고 구매하죠. 길거리를 지나가다 마음에 쏙 드는 원피스를 발견해서 계획에 없던 쇼핑을 하게 되는 것처럼요.

- TikTok의 'Shop Now' 버튼 클릭률 전년 대비 증가
- 인스타그램 쇼핑 콘텐츠 전환율 상승
- 무신사는 숏폼 룩북 덕분에 상품 판매량 증가
- 쿠팡도 숏폼 클립을 활용해 체류 시간 늘어남

이제는 콘텐츠가 곧 쇼핑몰 입구인 시대예요. 검색보다 먼저 보는 게 영상이고, 그 영상이 구매로 이어지는 거죠.

## ▷ 매출형 숏폼, 이렇게 만든다

**① 3초 안에 스크롤을 멈추게 해야 한다**

- 첫 장면에서 깜짝 놀라게 하거나, 웃기거나, 공감하도록 만들어야 합니다.
- 그 3초가 고객의 지갑을 열게 합니다.

### ② 제품보다 사용하는 모습을 보여주어야 한다

- 사용 전후 비교, 실제 사용하는 모습, 반응 영상이 감정을 자극합니다.
- 사람들은 자신이 직접 사용하는 모습을 상상하면서 '사고 싶다'는 욕구가 생깁니다.

### ③ 플랫폼마다 편집 전략이 달라야 한다

- TikTok은 리듬감 있고 재미있게!
- 인스타그램은 예쁘고 감성 있게!
- 유튜브 쇼츠는 깔끔하고 명확하게!

**… 마무리 …**

이제 소비자는 설명을 기다리지 않아요. 영상에서 느낌이 오면 바로 사요. 그래서 숏폼은 브랜드에 있어 '첫인상'이자 '매출의 출발점'이에요. 긴 영상을 잘 만드는 것도 중요하지만, 짧은 영상 하나로 지갑을 여는 시대가 온 거죠. 쇼핑 카트는 검색창 끝에 있지 않습니다. 그것은 숏폼 영상의 첫 10초 안에 있습니다.

# 영상이 쇼윈도, 숏폼으로 자사몰 키운다

옛날에는 시장에 가면 가게마다 쇼윈도가 있었죠. 유리창 너머로 예쁜 옷이나 반짝이는 물건이 보이면, 그냥 지나치려던 사람도 발길을 멈추고 가게 안으로 들어가곤 했어요. 요즘 세상에서도 똑같은 일이 일어납니다. 단지, 그 쇼윈도가 '스마트폰 화면 속 짧은 영상'으로 바뀌었을 뿐이죠.

그것은 바로 '숏폼 콘텐츠'입니다. 숏폼은 말 그대로 짧은 영상이에요. 보통 15초에서 30초, 길어야 1분 안팎이고, 유튜브 쇼츠, 인스타그램 릴스, 네이버 클립 같은 플랫폼에서 볼 수 있어요.

우리가 핸드폰으로 SNS를 스르륵 넘기다 보면, 영상 하나가 딱 시선을 붙잡는 순간이 있잖아요? 바로 그 영상이 요즘 디지털 쇼윈도인 셈입니다.

## ▷ 검색보다 '발견'이 중요하다

예전엔 물건을 찾으려면 '검색'을 했어요. (예: 따뜻한 겨울 점퍼 추천)

그런데 요즘 사람들은 그냥 SNS 피드를 보다가, 우연히 '어, 이거 괜찮은데?' 하고 발견해요. 숏폼은 그 '발견'을 이끌어 내는 핵심 도구입니다.

글로벌 조사에 따르면, 짧은 영상은 ROI(투자 대비 수익)가 가장 높고, 고객 참여나 매출 전환율도 우수해요. 마케터들이 가장 예산을 늘리고 싶어하는 포맷이기도 하죠.

- 유튜브 쇼츠: 2025년 매일 평균 1,200만 개 업로드. 하루 조회수는 무려 700억 뷰!
- 인스타그램 릴스: 2025년 10억 개 이상 업로드. 릴스가 핵심 콘텐츠예요.
- 네이버 클립: 자사몰 연동도 쉬워지고, 재생 수나 매출 전환도 계속 늘고 있어요.

이제는 숏폼이 '잠깐 보는 재미'가 아니라, 제품을 알리고 판매까지 이끄는 핵심 도구가 됐어요.

## ▷ 짧아도 다 담는다(Hook → 정보 → 행동)

숏폼은 다음과 같이 구성해야 합니다.

① Hook(0~3초)

- 시선을 '확' 붙잡아야 해요.

- 문제 제기나 극적인 비교 장면이 좋아요.
- 예: '발볼 넓은 신발, 아침마다 고통?'

② **정보(3~15초)**

- 제품의 한 가지 장점만 강조하세요.
- 예: 신발 착용 장면, 실제 질감 클로즈업 등

③ **행동 유도(15~30초)**

- 자사몰 링크를 댓글, 스티커, 고정 코멘트에 넣어 연결하면 끝!
- 예: '더 보기를 눌러보세요', '오늘만 무료 배송!'

시장에서 시식 후에 음식을 구입하듯, 영상 하나로 '발견 → 이해 → 구매'의 흐름이 이어지도록 해야 합니다.

## ▷ 자주 묻는 질문 Q&A

① **예산이 적어도 가능한가요?**

- 당연하죠! 스마트폰 + 자연광 + 저렴한 마이크 하나만 있어도 충분해요. 중요한 건 첫 3초를 어떻게 보여주느냐입니다.

② **제품이 특별하지 않으면요?**

- 사용 전후 비교 모습을 보여주세요. 평범한 제품도 확 달라 보

여요. (예: 기존 수세미 vs 신제품 수세미)

③ **어디에 먼저 올려야 하나요?**

- 다음 세 가지 플랫폼에 올려보세요.
- 유튜브 쇼츠: 검색도 되고, 롱폼 영상과 연결도 좋아요.
- 인스타그램 릴스: 도달력 강하고, 공유도 잘 돼요.
- 네이버 클립: 구매 의도가 있는 사람에게 바로 보여줄 수 있어요.

## ▷ 실행 팁: 2주 안에 시작하는 플랜

① **후크 아이디어 5개 작성**

- 문제 제기, 전후 비교, 시연 장면 등 다양하게 준비하세요.

② **영상 스크립트 설계**

- 어떤 장면에서 어떤 자막이 나올지 미리 구성하세요.

③ **촬영은 심플하게**

- 자연광, 고정된 카메라, 그리고 제품 질감을 잘 보여주세요.

④ **세 플랫폼에 동시에 올리기**

- Shorts, Reels, Clip에 한꺼번에 올려보고 반응을 비교하세요.

### ⑤ 반응 좋은 걸 집중 공략

- 가장 반응 좋았던 후크를 응용해 추가 영상을 제작하세요.

### ⑥ 랜딩페이지도 맞춤 구성

- 영상에 나온 문구와 자사몰 첫 화면 문구를 '똑같이' 맞추세요.

**··· 마무리 ···**

이제 사람들은 검색보다 '발견'으로 제품을 만나요. 그리고 그 발견은 숏폼 콘텐츠 한 편에서 시작돼요. 사진, 광고보다 짧은 영상 하나가 더 많은 클릭과 구매를 이끌어 낼 수 있어요. 지금 바로 당신의 제품을 위한 디지털 쇼윈도를 준비해야 합니다. 자사몰 운영자, 창업자, 1인 크리에이터, 모두 어렵지 않게 시작할 수 있어요. 스마트폰 하나만 있으면, 오늘부터 당신도 가능합니다.

# 상품 영상이 더해지면 구매 전환율 '쑥'

요즘 인터넷에서 물건을 살 때, 사진만으로는 정보가 부족하다고 느껴본 적 있으신가요? 예를 들어, 전기 포트를 하나 사려고 봤는데, 크기는 얼마나 되는지, 물 붓는 소리는 조용한지, 뚜껑은 어떻게 열리는지… 이런 게 궁금한데 사진만 보고는 도통 감이 안 잡히죠.

이럴 때, 짧은 제품 영상 하나만 보면 마음이 '탁' 놓이죠. 실제로 사용해 보는 장면, 크기 비교, 손으로 만지는 모습까지 보여주니까요. 마치 가게에 가서 직접 만져보는 것처럼요.

이렇게 상품 영상을 상세페이지에 넣는 것만으로도 구매 전환율이 확 뛴다는 사실, 알고 계셨나요?

## ▷ 사례 1: 네이버 스마트스토어

한 셀러가 자신의 네이버 스마트스토어에 짧은 시연 영상을 넣었습니다. 단 1주일 만에 결과가 다음과 같이 바뀌었습니다.

- 방문자 체류 시간: 14초 → 43초
- 구매 전환율: 1.2% → 3.1%

무슨 뜻이냐고요? 100명이 들어와서 1~2명 사던 상품이 있었는데, 영상 하나로 3명 이상이 사게 된 겁니다. 거의 세 배 가까운 효과입니다. 이는 단순한 우연이 아닙니다. 스마트스토어에서도 상세페이지 구성 가이드에 'GIF나 짧은 영상으로 작동 방식이나 사용법을 보여주면 구매 결정이 쉬워진다'고 공식적으로 추천하고 있습니다.

## ▷ 사례 2: 쿠팡(영상 + 라이브)

쿠팡은 영상 콘텐츠에 더 적극적입니다. 특히 라이브 방송을 끝낸 후, 그 영상을 VOD(녹화본)으로 남겨서 상품페이지에 연결합니다. 한 셀러에게 다음과 같이 바뀌었습니다.

- 전체 매출의 약 30%가 이 VOD에서 발생
- 다른 플랫폼보다 구매 전환율이 25% 이상 높음

이는 라이브 방송을 보고 난 뒤 '이거 괜찮겠다!' 싶어서 다시 찾아와 사는 고객이 많다는 뜻이죠.

## ▷ 왜 영상이 이렇게 효과가 클까?

한마디로 말하면, 영상이 불확실성을 줄여주기 때문입니다. 사진은 정지 화면이라서 정보가 제한적이지만, 영상은 움직이고 소리도 나오고 실제 사람이 사용하면서 설명까지 해주니까 확신이 생깁니다. 예를 들어, 다음과 같은 질문들이 영상을 통해 쉽게 해결됩니다.

- 이 후라이팬, 여자가 들기에 무거울까, 가벼울까?
- 이 텀블러, 뚜껑은 꽉 닫힐까?
- 이 옷, 실제로 입으면 핏이 어떨까?

또, 요즘은 짧은 영상(숏폼) 소비가 익숙해진 시대입니다. 사람들은 긴 글보다 15~30초짜리 영상 한 편으로 모든 걸 빠르게 이해하고 싶어 합니다. 여러 통계도 이러한 영상의 효과를 뒷받침합니다:

- 상품 영상 추가 시 구매 전환율 6~30% 상승
- 영상이 있으면 장바구니 추가율 37% 상승
- 랜딩페이지에 영상이 있을 경우 전환율 최대 80% 증가

물론 국내 플랫폼과 1:1로 비교할 순 없지만, 큰 방향성은 같습니다. 영상이 팔리는 콘텐츠라는 건 확실합니다.

## ▷ 영상 커머스의 포인트

영상을 잘 만든다고 끝이 아닙니다. 페이지에 어떻게 넣느냐, 무엇을 찍느냐도 중요합니다.

① **어떤 영상이 효과적일까?**

- 15~30초 핵심 시연 영상: 문제 → 해결 구조
- 60~90초 딥다이브 영상: 구성, 사용법 상세 설명
- 5~10초 짧은 GIF: 반복 재생으로 포인트 강조

② **어디에 넣을까?**

- 상단에 썸네일 or 자동 재생(무음) 영상
- 하단에 리뷰 영상, 고객 UGC(사용자 제작 영상) 추가

③ **어떻게 성과를 측정할까?**

- 영상 전후 비교: 구매 전환율, 장바구니 추가율, 체류 시간, 스크롤 정도
- 쿠팡은 자체 분석 도구(ads.coupang.com)로 리포트 제공

④ **성과 목표는?**

- 처음 4주간 영상으로 전환율 5~10%포인트 개선 목표
- 영상 2~3개 버전 테스트 → 가장 성과 좋은 것 선택

### 마무리

요즘은 소비자가 눈으로 직접 확인해야 지갑을 엽니다. 상품 영상은 그 눈이 되어주는 도구입니다. 그 도구 하나로, 매출이 달라질 수 있습니다. 영상 콘텐츠는 고객의 불안을 없애 주고 신뢰를 심어줍니다. 짧고 매력적인 영상 하나가 제품의 매출을 바꿉니다.

# 숏폼 영상 하나로 뷰티 제품 '완판'

요즘엔 긴 광고 영상보다 짧고 강한 영상이 대세입니다. 손안의 스마트폰으로 몇 초 만에 제품을 사고팔 수도 있고, 사람들의 마음을 사로잡을 수도 있는 시대가 온 것이죠.

이런 변화 속에서 틱톡 뷰티 크리에이터 '미카일라 노게이라(Mikayla Nogueira)'는 숏폼 영상 하나로 자신의 뷰티 브랜드 제품을 완판시키며 큰 화제가 되었습니다. 지금부터 그 성공 비결을 쉽고 간단하게 풀어보려고 합니다. 마케팅을 처음 접하는 분들도 이해하기 쉽도록 설명해 드릴게요.

미카일라는 미국의 인기 틱톡 뷰티 크리에이터입니다. 2025년 기준 틱톡 팔로워 수만 약 1,700만 명! 그녀는 짧은 메이크업 영상으로 유명해졌고, 2025년엔 자신의 브랜드 'POV Beauty'를 직접 만들었습니다. 처음 선보인 제품은 화장이 잘 되게 도와주는 기초 화장품 5종 세트입니다. 프라이머, 세럼, 크림, 립 트리트먼트 등 메이크업 전에 바르는 제품들이죠. 제품은 자사 홈페이지에서만 판매(D2C 방식)했고, 출시하자마자 품절이 될 정도로 반응이 뜨거웠어요.

## ▷ e-커머스의 핵심은 '숏폼 영상'

미카일라는 자신이 평소에 하던 짧은 영상 스타일 그대로 제품을 소개했어요. 어렵거나 복잡한 설명 없이, 직접 화장품을 사용하는 모습만 보여줬죠.

**① 숏폼 영상 + 쇼핑 기능**

- 영상에서 제품을 바르고,
- 사용 전후 모습을 비교해 주고,
- 마음에 들면 영상 아래 구매 링크를 클릭해서 바로 살 수 있는 구조예요.

**② 라이브 방송까지 활용**

- 신제품을 출시할 땐 틱톡 라이브 방송을 활용해 실시간으로 소개하고 판매했어요.
- 짧은 티저 영상 → 라이브 판매 → 완판!
- 이렇게 빠르게 수요를 끌어모은 겁니다.

## ▷ 바로 사게 만드는 구조로 성공

**① 익숙한 영상 포맷**

- 팔로워들이 좋아하던 짧은 메이크업 영상 형식 그대로 제품을 소개했기 때문에 거부감이 없었어요.

- 영상 하나가 설명서도 되고, 광고도 되고, 상세페이지도 된 셈이죠.

**② 바로 사게 만드는 구조**

- '이거 좋네!' 하고 생각하는 순간, 바로 아래에 구매 버튼이 있으니 고민할 틈이 없어요.
- 보고, 클릭하고, 끝!

**③ 팬덤을 먼저 공략**

- 초반엔 백화점이나 온라인 몰에 넣지 않고, 자신을 좋아하는 팬들만을 위한 한정 판매로 진행했어요.
- 이런 전략이 '한정판' 느낌을 주면서 수요를 폭발시켰죠.

마케팅 실무자라면 다음 체크리스트를 참고해 보세요.

- 처음 3초 '후크': '진짜 써보니 다르다!'처럼 강한 한마디
- 짧은 시연 영상: 손등에 바르고, 피부 변화를 보여주기
- 구매 링크 삽입: '어디서 사지?' 하는 고민 없이 바로 클릭
- D2C 집중 → 이후 유통 확장: 처음에는 팬 몰이, 이후 백화점 입점
- 튜토리얼 모아보기: 자사몰에 How-to 영상 아카이브로 재구매 유도

## ▷ 숏폼 커머스를 위한 30초 영상 예시

마지막으로, 미카일라가 사용하는 방식의 30초짜리 영상 구성 예시를 살펴보겠습니다.

**① 〔0~3초〕 후킹**

- "이 프라이머, 내가 평생 써본 것 중 제일 미쳤어요. 그냥 보세요."

**② 〔3~12초〕 시연**

- 손등에 바르고, 얼굴 반쪽에 사용해 변화를 보여줌.
- "보이시죠? 모공이 그냥 사라져요."

**③ 〔12~22초〕 효과 강조**

- "아침 8시에 화장했는데, 지금 밤 8시에요. 무너짐 '0'이에요."

**④ 〔22~30초〕 CTA(구매 유도)**

- "이거 제 브랜드 POV Beauty예요. 지금 밑에 있는 링크를 눌러보세요. 품절되기 전에!"

### 마무리

미카일라 노게이라의 성공은 단순히 '인플루언서가 뷰티 제품을 많이 팔았다'는 우연한 사례가 아닙니다. 짧은 영상 + 직관적인 구매 구조 + 팬과의 신뢰, 이 3가지가 맞아떨어져 완판이라는 결과를 만든 겁니다. 누구든지 이 공식을 참고해서, 나만의 제품을 효과적으로 알릴 수 있어요. 핵심은 '진짜 사용해 보는 모습'을 짧고 강하게 보여주는 겁니다.

# Ⅱ

# 생성형 AI를 활용한 숏폼 영상 제작

REC

# 광고 영상을 카메라 없이 AI로 제작

불과 몇 년 전까지만 해도 광고 영상은 전문가들만의 영역이었습니다. 비싼 카메라, 조명, 모델 섭외, 영상 편집 프로그램까지… 그 모든 게 필요했죠. 그래서 작은 브랜드나 개인은 엄두조차 못 냈습니다. 하지만 지금은 다릅니다. 이제는 AI 덕분에 누구나, 단 몇 분 만에 멋진 광고 영상을 만들 수 있는 시대가 열렸습니다.

## ▷ 상상만 하면 영상이 나오는 시대

예전엔 영상을 만들기 위해 시나리오를 쓰고, 장비를 준비하고, 직접 촬영까지 해야 했습니다. 하지만 이제는 다릅니다. 예를 들어, "20대 여성이 도심 카페에서 이 가방을 들고 걷는 15초짜리 영상 만들어 줘"라는 문구 한 줄이면 AI가 알아서 움직입니다.

가상의 인물이 등장하고, 배경은 도시 거리로 구성되고, 자연스러운 음악과 자막까지 포함된 영상이 만들어집니다. 마치 전자레인지처럼 우리는 재료(아이디어)만 넣으면 되고, 조리는 AI가 알아서 해줍니다.

## ▷ 영상 제작, 이렇게 달라지다

AI 영상 제작을 요리에 비유해 보겠습니다.

| 단계 | 전통 방식 | AI 방식 | 요리로 비유하면 |
|---|---|---|---|
| 아이디어 기획 | 회의·시나리오 작성 | 텍스트 한 줄 | 레시피 고르기 |
| 장면 구성 | 감독과 촬영팀 기획 | AI가 자동으로 씬 분할 | 재료 손질 |
| 영상 생성 | 실제 촬영 | AI가 합성 영상 생성 | 요리하기 |
| 음향 더빙 | 성우·음악가 필요 | AI가 자동으로 생성 | 양념 추가 |
| 편집 | 사람이 컷 편집 | 자동 편집 + 자막 | 접시에 담기 |

결국, 우리가 해야 할 일은 '무엇을 만들지 생각하는 것'뿐입니다. 나머지는 AI가 모두 해주니까요.

## ▷ 실감 나는 AI 영상

많은 분들이 "AI가 만든 영상은 가짜처럼 보이지 않나요?"라고 묻습니다. 그런데 요즘 AI는 정말 놀랍습니다. 예를 들어, Pika Labs 같은 툴은 "카페에서 노트북으로 일하는 사람"이라는 한 문장만으로도 실사처럼 보이는 영상을 만들어 냅니다. 빛 반사, 머리카락 흔들림, 표정 변화까지 모두 자연스럽죠. 영화에서나 가능하던 특수효과 수준을 AI가 몇 초 만에 해내는 겁니다.

## ▷ 음성도, 음악도 AI가 척척

영상에 소리가 없으면 뭔가 부족하죠. 그래서 내레이션과 배경음악도 중요합니다.

- 음성: ElevenLabs 같은 서비스는 "따뜻한 여성 목소리로 읽어줘"라고 하면 진짜 사람처럼 말하는 음성을 만들어 줍니다.
- 음악: Suno나 Mubert 같은 AI는 "감성적인 카페 음악"이라는 문구 한 줄만으로 상황에 맞는 멜로디를 척척 만들어 냅니다.

눈과 귀를 동시에 만족시키는 영상, 이제는 사람 손이 아니라 AI 손끝에서 나옵니다.

## ▷ 편집도 자동, 업로드도 쉽게

영상 편집은 예전엔 가장 머리 아픈 일이었죠. 하지만 AI는 이 부분도 도와줍니다.

- 자동 컷 편집
- 자동 자막
- 자동 썸네일

심지어 틱톡이나 인스타그램에서는 AI가 '영상을 언제 올리면 사람들이 많이 보고 조회수가 높아질 수 있는지'까지도 알려줍니다. AI는 이제 영상 제작자이자 마케팅 비서가 된 셈입니다.

## ▷ 실제로 성공한 소규모 브랜드 사례

서울의 작은 핸드메이드 주얼리 브랜드가 있었습니다. 직원은 단 3명뿐. 광고 영상은 꿈도 못 꾸었죠. 하지만 그들은 다음과 같은 방법으로 영상을 제작했습니다.

- ChatGPT로 아이디어와 대사 작성
- Pika Labs로 영상 생성
- ElevenLabs로 더빙
- 완성까지 걸린 시간, 단 1시간 10분

그 영상은 인스타그램 릴스에서 조회수 30만 회를 기록했고, 해당 제품 매출은 전월 대비 270%나 증가했습니다. 작은 브랜드가 AI 덕분에 반전을 이룬 사례입니다.

**··· 마무리 ···**

이제 광고 영상은 기술보다 아이디어와 감성이 중요합니다. AI가 손발이 되어줄 테니, 우리는 머리로 '무엇을 보여줄지'만 고민하면 됩니다. 카메라 대신 키보드를 들고, 조명 대신 창의력을 켜보세요. 당신의 상상이 곧 영상으로 바로 만들어지는 시대입니다.

# AI 영상 제작, 3단계로 숏폼 만들기

'아이고, 요즘은 영상이 대세라는데, 나는 그런 거 못 해!'

혹시 이런 생각해 본 적이 있다면 걱정하지 마세요. 이제 영상은 손으로 만드는 게 아니라, 말 한마디로 만드는 시대입니다. 카메라, 조명, 편집 기술이 없어도 괜찮아요. AI가 알아서 영상을 척척 만들어 주거든요. 지금부터 귀여운 반려견 '콩이'를 위한 AI 숏폼 광고 영상을 단 3단계로 아주 쉽게 만드는 방법을 살펴봅시다.

## ▷ 1단계: 무엇을 보여줄까?

무조건 먼저 해야 할 건 '콘셉트 정하기'입니다. 마치 김치를 담글 때 배추김치, 열무김치 중에서 무엇을 담글지 고르듯이요.

"귀여운 강아지가 새로 나온 간식을 맛있게 먹는 15초짜리 영상 만들어 줘. 따뜻하고 사랑스러운 분위기로"라는 문구 한 줄만 있으면 AI는 그 내용을 이해하고, '밝은 음악에 귀여운 강아지, 사랑스러운 장면'이 포함된 영상 스토리를 만들어 줍니다. 이럴 때 사용할 수 있는 도구는 ChatGPT, Notion AI 같은 글쓰기 도우미입니다. 다음과 같이 AI는 우리가 말만 하면 알아서 스토리를 만들어 줘요.

- 강아지가 주인에게 꼬리를 흔들며 다가온다.
- 주인이 간식을 꺼내 든다.
- 강아지가 신나서 간식을 먹는다.
- 마지막에 '콩이의 행복, 오늘부터 시작'이라는 자막이 뜬다.

이게 바로 영상의 뼈대입니다. 그냥 이야기를 떠올리는 것만으로도 영상 기획은 끝!

### ▷ 2단계: AI가 영상을 제작

이제 본격적인 영상 제작 단계입니다. 그런데 카메라를 들 필요가 전혀 없습니다. AI가 알아서 영상도 생성하고, 편집까지 해주니까요. 예를 들어, Runway나 Pika Labs 같은 AI 툴에 아까 만든 스토리를 입력해 보세요. 그러면 AI가 알아서 장면을 만듭니다.

- 귀여운 강아지가 소파 위에서 꼬리를 흔든다.
- 주인이 손에서 간식을 꺼낸다.
- 강아지가 한입에 꿀꺽!

이 모든 장면이 진짜 영상처럼 자동 생성됩니다. 배경, 조명, 색감까지 완벽하게 어울리게 AI가 구성하죠. 혹시 콩이처럼 생긴 강아지가 나오길 원한다면 사진 한 장만 올리면 됩니다. AI가 콩이 얼굴을 참고해 닮은 강아지를 영상에 등장시켜 줘요. 이제 집에서 키우는 반려견도 광고 주인공이 되는 시대!

### ▷ 3단계: 음성 넣고 마무리하기

이제 영상이 거의 다 만들어졌어요. 이제는 목소리와 음악만 더하면 됩니다.

- 내레이션: AI 음성 서비스인 ElevenLabs에 "따뜻하고 부드러운 여성 목소리로, '콩이의 하루는 간식에서 시작돼요'라고 읽어줘"라고 입력하면 마치 성우가 녹음한 듯 자연스러운 목소리가 완성돼요.
- 음악: Suno나 Mubert 같은 AI 음악 생성기를 쓰면 "강아지가 나오는 귀엽고 경쾌한 음악 만들어 줘!"라는 문구 한 줄로 배경음악까지 만들어 줍니다.
- 자막: AI가 목소리를 들으면서 자막도 자동 생성합니다. 자막 위치, 색상, 효과까지 한 번에 끝!

결국, 감성도 살고 음악도 들어가고 편집도 완성된 영상이 한 사람의 손도 거의 안 타고 만들어지는 거죠.

## ▷ 마무리: AI가 도와주는 게시까지

이제 영상이 완성됐으니 인스타그램, 틱톡, 유튜브 쇼츠에 올리면 됩니다. 그런데 언제 올리면 더 많은 사람들이 볼까요? 이때도 AI가 도와줍니다.

TikTok Creative Center 같은 도구는 "반려견 콘텐츠는 오후 8시에 올려야 조회수가 잘 나와요"라고 알려줘요. 심지어 썸네일과 해시태그까지 추천해 줍니다.

**마무리**

AI라고 하면 괜히 어렵고 낯설게 느껴질 수 있지만, 사실은 여러분 옆에서 도와주는 똑똑한 직원입니다. 예전엔 카메라, 조명, 편집자가 다 필요했지만 이제는 말 한마디면 영상이 완성됩니다. 그 말이 바로 여러분의 제품을 알리고, 우리 강아지 콩이의 귀여운 모습을 세상에 보여주는 시작이에요.

# AI 앱에 텍스트만 넣으면 영상이 '뚝딱'

오늘날 영상 콘텐츠는 '카메라 + 편집'이 필수였던 옛날 방식에서 벗어나고 있어요. 마치 종이와 펜으로 편지를 쓰던 시대에서 스마트폰으로 문자를 보내는 시대로 넘어간 것처럼요.

최근 들어, 프로그램을 배우거나 장비를 사지 않아도, 텍스트만 입력하면 영상이 술술 만들어지는 'AI 영상 제작 앱'들이 등장했습니다. 특히 1인 크리에이터나 소규모 쇼핑몰 운영자는 시간도, 편집 스킬도 부족하기 마련이므로 이런 앱이 게임 체인저가 될 수 있어요.

초보자도 바로 써볼 만한 AI 영상 제작 앱 5개의 핵심 기능과 '이럴 때 쓰면 딱!' 하는 추천 상황을 함께 살펴보겠습니다.

## ▷ Synthesia

### ① 핵심 기능

- 텍스트(혹은 스크립트)를 입력하면, AI 아바타가 내레이션하며 영상으로 만들어 줘요.

- 140개 이상의 언어 지원이 있어서 해외 고객을 타깃으로 하는 쇼핑몰에도 유리해요.
- 별도 촬영 장비나 스튜디오 없이도 '프레젠터가 나와서 말하는 영상'을 손쉽게 제작 가능해요.

**② 추천 상황**

- 상품 소개 영상을 만들고 싶을 경우: 이번 신상품이 어떤 특징이 있는지 말로만 쓰기 힘들다면, 여기서 입력된 텍스트가 '아바타가 소개하는 영상'으로 바뀌어 쇼핑몰 메인 영상으로 활용할 수 있어요.
- 교육 또는 튜토리얼 콘텐츠: 자신의 노하우를 영상으로 전달하고 싶은데 카메라로 찍는 게 부담될 때 이 앱이 큰 도움이 돼요.
- 내 얼굴 나오는 영상 찍기 부담되는 분께 추천해요.

## ▷ Fliki

**① 핵심 기능**

- 텍스트를 넣으면 자동으로 장면(scene) + 음성(voice-over) + 배경음악이 붙어 영상이 완성돼요.
- 다양한 AI 음성 및 자신의 목소리 복제(클로닝)가 가능해요.
- SNS용 짧은 영상, 교육 영상, 마케팅 영상 등 다양한 포맷에 손쉽게 대응돼요.

### ② 추천 상황

- SNS 숏폼 영상 제작: 인스타그램이나 틱톡에 숏폼 영상을 올리고 싶을 때 텍스트로 스크립트만 쓰면 돼요. Fliki가 알아서 영상으로 만들어 줘요.
- 내 목소리 활용 브랜드화: 쇼핑몰 운영자의 경우, 고객들에게 '직접 말하는 느낌'을 전하고 싶을 때, 자신의 목소리를 클로닝해서 영상 브랜딩에 활용할 수 있어요.
- 짧고 빠르게 영상 만들어 SNS에 올리고 싶은 분께 추천해요.

## ▷ Invideo AI

### ① 핵심 기능

- 텍스트나 아이디어(프롬프트)를 넣으면 장면별 스토리보드를 자동으로 만들어 줘요.
- 제품 링크 복사만으로 해당 제품을 시각화한 영상 장면을 생성하는 기능도 있어요.
- '아이디어 → 영상' 흐름이 매우 직관적이어서, 편집 경험이 거의 없는 분도 쉽게 시작할 수 있어요.

### ② 추천 상황

- 제품 광고 영상 제작: 쇼핑몰에서 신상품 3종을 묶어서 '이렇게 멋지게 나왔어요'라는 내용의 영상을 만들고 싶을 때, 제품 링크를 붙이고 텍스트만 넣으면 그에 맞는 영상이 나와요.

- 유튜브·인스타그램 크리에이터: '이런 주제로 영상을 만들어 볼까?' 하는 아이디어가 있을 때, 스토리보드 자동 생성 기능 덕분에 준비 시간이 줄어요.
- 편집이 어렵게 느껴져서 영상 제작을 미뤘던 분께 추천해요.

## ▷ VEED IO

### ① 핵심 기능

- '텍스트 → 영상' 변환이 가능하며, 내레이션, 자막, 화면 전환 효과까지 한 번에 제공돼요.
- 인터페이스가 깔끔하고 사용법이 간단해서 영상 초보자에게 부담이 적어요.
- 특히 교육 콘텐츠, 설명 영상 제작에 적합해요.

### ② 추천 상황

- 상품 상세 설명 영상: '이 제품이 어떤 방식으로 작동하는지'를 보여주고 싶을 때, 텍스트로 설명을 적어넣으면 자동으로 설명 영상이 만들어져요.
- 크리에이터 튜토리얼 콘텐츠: 영상을 찍는 대신 스크립트만 쓰고 간단히 생성할 수 있어 카메라 세팅이 어렵다고 느낄 때 유용해요.
- 복잡한 촬영이나 편집 없이 설명 영상 하나 만들어야겠다는 분께 추천해요.

## ▷ Adobe Firefly

### ① 핵심 기능

- 텍스트 또는 이미지 기반으로 동적 영상까지 생성 가능해요.
- 제품 이미지 하나만 있어도 해당 이미지를 영상화할 수 있어 쇼핑몰 운영자에게 특히 유리해요.
- 영상 스타일, 카메라 앵글, 색감 등 시각적 연출 요소도 텍스트로 지시할 수 있어요.

### ② 추천 상황

- 고급 영상 연출이 필요한 상황: 신상품을 슬로우모션으로 보여주고 싶다거나 제품의 질감이나 디테일을 강조해 영상으로 표현하고 싶다면 이 앱이 적합해요.
- 브랜드 이미지 강화용 영상: 단순히 제품을 보여주는 것을 넘어, 분위기를 잡거나 감성 영상으로 만들고 싶을 때 유용해요.
- 기본적인 영상은 만들었으니 한 단계 업그레이드하고 싶은 분께 추천해요.

## ▷ 상황별 추천 앱

- 카메라 없이 등장 영상 → Synthesia
- 빠른 SNS 숏폼 + 내 목소리 브랜드화 → Fliki
- 제품 광고 영상 + 스토리보드 자동 → Invideo AI

- 설명·튜토리얼 영상 + 초보 편집자 적합 → VEED IO
- 감성·고급 연출 영상 + 제품 이미지 활용 → Adobe Firefly (Text-to-Video)

초보자 입장에서 보면, 위 앱들은 '촬영 장비 + 편집 기술' 없이도 영상 콘텐츠를 만들어 낼 수 있는 도구예요.

쇼핑몰 운영자라면 '상품 소개 영상', 'SNS 홍보 영상', '교육용 영상' 등의 콘텐츠가 필요하잖아요. 이때 위 앱 중 하나를 골라서 한 달에 한 편이라도 영상화한다면, 분명 경쟁력이 생길 것입니다.

크리에이터라면 영상 제작의 부담이 줄어드는 만큼, 생각나는 아이디어가 날아가 버리기 전에 바로 영상으로 남길 수 있는 환경이 생기니 좋고요.

## ▷ 영상 제작 포인트

- 텍스트 프롬프트(입력 문장)를 잘 쓰기: 예를 들어, "이 제품이 빨간색이라서 주목돼요"라고 쓰기보다는 "제품이 선명한 빨간색 배경 위에서 천천히 회전하며 빛나는 장면"처럼 장면, 배경, 움직임을 넣어주는 게 좋아요. (마치 요리 레시피 쓰듯)
- 짧게 자주 올리기: 쇼핑몰이라면 제품 하나당 15~30초짜리 영상으로 여러 개 만드는 게 효과적이에요.
- 브랜드 톤을 정해두기: 음악 스타일, 내레이션 톤, 영상 색감 등을 미리 정해두면 일관성이 생겨요.

- 무료 체험으로 시작하기: 대부분 앱이 무료 체험 혹은 무료 플랜이 있어요. 부담 없이 써보고 '나에게 맞는 앱'으로 정하면 돼요.

**마무리**

영상 제작이 어렵게 느껴져서 미루고 있었다면, 이젠 텍스트만 입력해도 영상이 만들어지는 시대가 되었어요. 마치 이메일 보내듯, 문자 치듯, 손쉽게 영상 콘텐츠를 만들어 보세요. 쇼핑몰 운영자든, 1인 크리에이터든, 당신의 아이디어가 영상으로 살아나는 순간을 상상해 보세요. 앞서 소개한 5개의 앱 중 하나만 골라도 '처음으로 만든 영상'이 바로 당신의 콘텐츠 포트폴리오가 될 수 있어요.

# 사진이나 이미지로 짧은 영상 완성

'사진이 살아 움직인다'는 말은 더 이상 영화나 드라마 속 이야기가 아닙니다. 요즘은 이미지 한 장만 있어도, AI가 알아서 생동감 있는 영상으로 만들어 줘요. 예를 들어, 반려식물 사진을 한 장 올리면, 그 잎사귀가 바람에 흔들리고 햇살이 반짝이는 짧은 영상으로 바뀌어요.

지금부터 사진 한 장으로 '움직이는 영상'을 만들어 주는 AI 앱 5개를 초보자도 쉽게 이해할 수 있도록 살펴볼게요. 특히 1인 크리에이터, 소상공인, 쇼핑몰 운영자분들이 '영상 제작이 너무 어렵다'고 느낄 때 딱 필요한 도구들이에요.

## ▷ Runway ML

### ① 핵심 기능

- 정지 이미지를 자동으로 움직이는 영상(B-roll)으로 변환.
- '물결이 흐르게', '머리카락이 살짝 날리게'처럼 자연스러운 동작 명령을 텍스트로 입력 가능.

- 'Motion Brush' 기능으로 움직일 부분만 쓱쓱 칠하면 끝.

**② 추천 상황**

- 상품 사진을 좀 더 생동감 있게 만들고 싶을 때(예: 향초 사진에 불꽃이 흔들리게, 립스틱 사진에 반짝임이 돌게)
- SNS에 올릴 감성 숏폼 영상 제작 시 활용. Runway ML은 정지된 그림에 '마법의 부채질'을 해주는 도구예요. 한 번 쓱 그으면, 그림 속 인물이 살아 움직입니다.

## ▷ Pika Labs

**① 핵심 기능**

- 이미지 한 장 또는 간단한 설명 문장만 넣어도 짧은 애니메이션 클립 생성.
- '이 인물이 걷게 해줘', '카메라가 앞으로 당겨지게' 등 영화 같은 효과도 손쉽게.
- 초보자도 쉽게 써볼 수 있는 간단한 인터페이스.

**② 추천 상황**

- 크리에이터가 썸네일이나 스틸컷을 움직이는 티저 영상으로 만들고 싶을 때.
- 유튜브 쇼츠나 틱톡용 짧은 인트로 영상 제작에 안성맞춤. "사진이 숨 쉬는 것 같네!" 하고 놀랄 정도로 자연스러워요. 마치

정지된 초상화 속 인물이 눈을 깜빡이는 것처럼요.

## ▷ Kaiber AI

### ① 핵심 기능

- 사진 + 음악 + 텍스트를 조합해 뮤직비디오 형식의 영상 생성.
- 카메라 움직임, 조명, 화면 색감까지 AI가 자동 연출.
- 한 장면을 길게 움직이는 애니메이션에 강함.

### ② 추천 상황

- 여행 사진이나 풍경 사진으로 감성 브이로그를 만들고 싶을 때.
- 브랜드 스토리 영상(예: 우리 카페의 하루) 제작에 적합.
- Kaiber AI는 "이 사진을 감성적으로 움직이게 해줘"라고 하면 조명, 음악, 카메라 움직임까지 다 알아서 맞춰줍니다.

## ▷ LeiaPix Converter

### ① 핵심 기능

- 2D 사진을 3D 입체 영상으로 변환.
- 움직임 방향과 깊이를 조절할 수 있어 '살짝 흔들리는 입체 영

상' 제작에 좋아요.

- 웹사이트에 사진 올리고 버튼을 누르면 즉시 영상으로 만들어져요.

② **추천 상황**

- 제품 사진에 입체감 주기: '가방이 살짝 돌아가며 빛 반사되는 장면'과 같은 영상을 만들고 싶을 때.
- SNS용 3D 슬라이드 영상 제작: LeiaPix는 정지 사진을 '움직이는 액자'로 바꿔주는 도구예요. 옛날엔 렌티큘러 사진(각도 바꾸면 움직이는 그 사진)이 있었잖아요? 딱 그 느낌이에요.

## ▷ Gen-4 by Runway

① **핵심 기능**

- 텍스트, 이미지, 영상, 무엇이든 넣으면 AI가 자연스러운 움직임 생성.
- 사진을 넣으면 '이 풍경에 사람이 걷게', '카메라가 도심을 가로지르게' 같은 지시도 가능.
- 영화 같은 카메라 움직임(B-roll 장면 생성)에 강력.

② **추천 상황**

- 브랜드 감성 영상이나 광고 용도.
- 내 사진을 영화의 한 장면처럼 움직이게 하고 싶은 경우.

- Gen-4는 "이 사진을 드라마처럼 만들어 줘"라고 하면 그럴듯한 영상이 뚝딱 나옵니다.

## ▷ 상황별 추천 앱

| 필요한 영상 유형 | 추천 앱 | 특징 |
| --- | --- | --- |
| 사진 속 일부 움직임 | Runway ML | 'Motion Brush'로 부분 움직임 지정 |
| 짧은 티저 영상 | Pika Labs | 한 컷을 애니메이션처럼 |
| 감성 뮤직비디오 | Kaiber AI | 음악 + 조명 + 연출 자동 |
| 입체 3D 효과 | LeiaPix Converter | 사진을 살짝 회전시키는 깊이 효과 |
| 영화 연출 수준의 움직임 | Gen-4 by Runway | 카메라 움직임 지시 가능 |

## ▷ 활용 팁 5가지

**① 움직임은 작게, 자연스럽게!**

- 처음엔 잎사귀 흔들림 정도만 넣어도 생동감이 느껴져요.

**② 텍스트 프롬프트**

- 지시문을 구체적으로 적으세요. "카메라가 가까이 다가오며 빛이 반짝이는 장면"처럼요.

### ③ 세로형(9:16)

- 영상으로 내보내면 인스타그램 릴스·틱톡에 딱 맞아요.

### ④ 음악 붙이기

- 짧은 배경음만 깔아도 완성도 '10배 업!'

### ⑤ 무료 버전으로 시작

- 대부분 앱은 체험판이 있으니 부담 없이 시도해 보세요.

**··· 마무리 ···**

예전엔 영상 만들려면 카메라, 조명, 편집 프로그램까지 필요했죠. 이젠 사진 한 장 + AI 앱 하나면 끝이에요. 사진이 살아 움직이면, 브랜드 이야기나 제품의 매력도 훨씬 잘 전달돼요. 특히 쇼핑몰 운영자라면, 움직이는 상품 이미지 하나만 추가해도 구매율이 눈에 띄게 오를 수 있어요. AI는 이제 전문가의 도구가 아니라, 아이디어만 있으면 누구나 영상 만드는 일상 기술이 되었어요. 앞서 소개한 앱 중 하나로 사진 한 장을 살려보세요. 그 순간, 당신의 이미지는 '이야기하는 영상'이 됩니다.

# 영상 편집?
# 이제 클릭만 하면 '척척'

'영상 편집'이라는 말, 아직도 어렵고 머리 아픈 일처럼 느껴지시나요? 그런데 요즘은 마치 전자레인지 버튼 하나 누르면 음식이 조리되는 것처럼, AI 앱이 영상 편집을 '버튼만 누르면 되는' 수준으로 바꿔줬습니다. 스마트폰이나 태블릿에서 앱을 열고 영상·사진을 넣은 후 '자동 편집'만 누르면 영상이 뚝딱 나와요. 어렵게 느껴졌던 편집이 '식은 죽 먹기'처럼 바뀌고 있어요.

타임라인, 컷 편집, 자막 싱크… 용어부터 헷갈리고, 프로그램도 복잡해서 '나랑은 먼 얘기'라고 느꼈다면 이제 그 생각을 바꿔야 할 때예요. 요즘은 AI가 알아서 영상도 자르고, 자막도 넣고, 음악까지 척척 붙여주는 시대거든요. 정말입니다. 누구나 스마트폰만 있으면 영상 하나 뚝딱 만들 수 있는 시대예요. '영상 편집? 그거 나도 해볼까?'라는 생각이 드는 게 아주 자연스러워진 겁니다.

지금부터 소개할 5가지 앱은, 영상 편집이 처음인 사람도 쉽게 사용할 수 있는 '생성형 AI 기반' 앱들이에요. 자동화된 기능과 직관적인 UI 덕분에, 클릭 몇 번이면 완성된 영상이 나옵니다. 특히 자사몰을 운영하는 창업자나, SNS용 숏폼 콘텐츠를 만들고 싶은 분에게도 유용하죠.

## ▷ Canva

Canva는 원래 이미지 디자인 툴로 유명하지만, 요즘은 영상까지 AI로 쉽게 만들 수 있어요. 영상 클립을 업로드하고, '자동 자막'이나 '음악 자동 삽입' 기능을 쓰면 영상 편집이 자동으로 진행됩니다. 템플릿도 많아서 디자인 감각이 없어도 보기 좋은 결과물이 나옵니다.

- 장점: 텍스트 입력만으로 영상 생성 가능, 디자인 + 편집 + 출력까지 한 번에 가능
- 단점: 무료 버전은 기능 제한, 생성된 영상이 다소 평범할 수 있음
- 추천: 영상 편집이 처음이거나 자사몰 제품 소개 영상 만들 때

## ▷ InVideo

InVideo는 말 그대로 '지시만 하면 영상이 바뀌는' 앱입니다. "이런 스타일의 영상 만들어 줘"라고 텍스트로 지시하면 AI가 알아서 템플릿과 음악, 효과를 조합해 영상을 만들어 줍니다. 영상이 처음인 사람도 몇 분이면 그럴듯한 결과물을 만들 수 있죠.

- 장점: 다양한 템플릿, 빠른 생성 속도, 초보자 친화적
- 단점: 워터마크·해상도 제한(무료 플랜), 약간 느린 속도
- 추천: 광고 영상, SNS 콘텐츠를 빠르게 여러 개 만들고 싶은

창업자

### ▷ CapCut

CapCut은 틱톡과 인스타그램 릴스용 영상 제작에 좋은 앱입니다. 스마트폰으로 촬영한 영상을 바로 불러와서 자막, 음악, 필터까지 자동으로 적용할 수 있어요. 특히 숏폼 영상 제작에는 거의 필수 도구처럼 쓰입니다.

- 장점: 모바일 전용, SNS 숏폼 최적화, 쉬운 UI
- 단점: 긴 영상엔 비효율적, 고급 편집은 어려움
- 추천: 반려견 브이로그, 언박싱 영상, 현장 촬영 영상 등

### ▷ Vrew

Vrew는 영상을 올리면 자동으로 자막이 생성됩니다. 마치 워드 문서 고치듯 영상 편집이 되는 방식이죠. 말 많은 브이로그, 설명 중심 제품 영상 등에 유리합니다.

- 장점: 자막 자동화, 말만 잘라내도 편집 끝, 직관적인 편집
- 단점: 시각적 효과는 약함, 텍스트 기반이라 생소할 수 있음
- 추천: 강의, 제품 설명, 브이로그 등 말이 많은 영상

## ▷ VEED.io

VEED.io는 별도 설치 없이 웹에서 바로 영상 편집이 가능한 올인원 도구입니다. AI 자막, 텍스트 → 영상, AI 아바타까지 다양한 기능을 지원하면서도, 클릭 몇 번으로 편집이 가능합니다. 팀 작업도 가능해서 브랜드 영상 제작에도 적합하죠.

- 장점: 웹 기반, AI 기능 다양, 협업에 강함
- 단점: 인터넷 속도에 영향을 받음, 무료 버전 제한 많음
- 추천: 자사몰 마케팅 영상, 브랜드 콘텐츠, 유튜브용 콘텐츠

## ▷ 나만의 영상 편집 프로세스

영상 편집이 무섭지 않게 느껴지는 건, 결국 한 번 해보고 나면 너무 쉽다는 걸 알게 되기 때문입니다. 이제 초보자도 쉽게 따라 할 수 있습니다.

**① 영상의 목적 정하기**

- 제품 홍보, 반려견 일상, SNS 릴스 등

**② 소재 준비**

- 스마트폰으로 영상을 찍거나 무료 영상·사진 스톡 이용하기

### ③ 앱 고르기

- Canva → 처음부터 쉬운 편집
- CapCut → SNS 숏폼 중심
- Vrew → 설명 많은 영상
- InVideo → 빠르게 여러 영상
- VEED.io → PC·웹 기반, 협업

### ④ 자동 편집 눌러보기

- AI 자막, 자동 컷, 효과 넣기 시도하기

### ⑤ 간단히 수정하고 저장

- 텍스트 고치기, 불필요한 장면 자르기

### ⑥ SNS나 자사몰에 업로드

- 워터마크 여부 꼭 확인하기

**··· 마무리 ···**

"나는 영상 편집을 잘 몰라서…"라고 말할 필요가 없어요. AI가 있으니까요. '내 강아지 영상도 올려볼까?', '자사몰 제품 소개 영상을 직접 만들어 볼까?', '이벤트 영상 하나 만들고 싶은데?' 영상이 처음인 누구라도 한번 만들어 보면 알게 됩니다. 생각보다 훨씬 쉽다는 걸.

# 작곡 몰라도 텍스트 몇 줄이면 음악이 '딩동'

영상에 딱 맞는 음악을 만들고 싶은데, 악보도 볼 줄 모르고, 작곡은 더더욱 못하겠고… 그래서 유튜브나 인스타그램에 올릴 때마다 고민되셨죠?

요즘은 생성형 AI 덕분에 그냥 단어 몇 개만 입력하면 배경음악이 자동 생성되는 세상이 됐어요. 다음과 같이 써넣으면 몇 초 만에 음악이 뚝딱 나옵니다.

- "기분: 밝고 경쾌함"
- "스타일: Lo-fi"
- "길이: 30초"

지금부터 음악 제작이 처음인 분들도 쉽게 이해할 수 있도록 '글자 → 음악'의 흐름을 살펴볼게요.

## ▷ 작곡가가 된 AI

AI는 그림도 그리고, 글도 쓰고, 이제는 음악도 만듭니다. 대표적인 서비스는 다음과 같습니다.

- Beatoven.ai: 영상, 게임, 팟캐스트용 배경음악 자동 생성
- Mubert: 분위기, 스타일, 길이만 정하면 즉시 음악 생성
- Canva: 디자인 툴 안에 AI 음악 생성 기능까지 탑재

이 서비스들은 수많은 음악 데이터를 학습한 AI가 사용자의 요청에 따라 새 음악을 만들어 주는 시스템이에요.

## ▷ 입력이 아주 간단해요

사용자가 해야 할 일은 단 하나, AI에게 어떤 분위기의 음악을 원하는지 설명하는 것입니다.

- "잔잔한 아침 산책 느낌, 30초"
- "제품 런칭 영상용, 시네마틱 스타일, 45초"

이런 문장을 입력하면 AI가 알아서 리듬, 악기, 구성 등을 조합해서 딱 맞는 음악을 자동 생성해 줘요.

## ▷ 저작권 걱정도 적어요

과거엔 음악 하나 사용하려면 라이선스 확인하고, 유료 음원 구매하고… 골치 아팠죠. 하지만 AI 생성 음악은 대부분 상업적 사용 가능, 또는 사용 조건이 명확해서 편합니다. 예를 들어, Beatoven.ai는 생성된 음악마다 라이선스를 함께 제공합니다. 이제는 '이거 써도 되나?' 하는 걱정 없이 영상에 배경음악을 입힐 수 있어요.

## ▷ AI 음악 생성의 순서

진짜 간단한 흐름을 보여드릴게요.

**① AI 음악 생성 사이트 접속**

- Beatoven, Mubert, Soundful, Canva 중 하나

**② 원하는 분위기를 텍스트로 입력**

- 예: "고양이와 놀 때의 따뜻한 느낌, 1분"
- 예: "광고 영상에 어울리는 중후한 분위기, 시네마틱 스타일, 45초"

**③ 생성 버튼 클릭**

- 몇 초~몇 분만 기다리면 음악이 완성!

④ **다운로드 후 영상에 삽입**

- 복잡한 작곡 툴, 프로그램, 악보 다 필요 없습니다.

## ▷ AI 음악 생성 앱 5가지

처음 써보는 분들을 위해 직접 사용해 볼 만한 서비스 5가지를 추천해 드릴게요.

① Beatoven.ai

- 특징: 프롬프트 기반 음악 생성. 영상, 게임 등 다양하게 활용 가능
- 장점: 텍스트만 입력하면 음악 생성 → 인터페이스 간단
- 단점: 무료 버전은 기능·횟수 제한이 있음

② Mubert

- 특징: 길이, 무드, 스타일만 선택하면 음악이 바로 생성
- 장점: 정말 빠르고 직관적
- 단점: 세부 조정 옵션은 부족할 수 있음

③ Soundful

- 특징: 다양한 무드를 선택해 음악 생성
  (예: Chill, Holiday Lo-fi 등)
- 장점: 감성에 맞는 음악을 고르기 쉬움

- 단점: 텍스트 입력보다는 메뉴 기반이라 원하는 느낌 구현이 어려울 수도 있음

④ Canva(AI Music Generator)

- 특징: 디자인 툴 안에 음악 생성 기능 포함
- 장점: 음악과 영상 디자인을 한 번에 해결 가능
- 단점: 전문 음악 툴보다는 기능이 단순함

⑤ MusicHero.ai

- 특징: 텍스트만 입력하면 음악 생성
- 장점: 문장 하나로 음악 만들기 가능
- 단점: 무료 사용 제한 있음

… **마무리** …

이제는 전문가만 음악을 만드는 시대가 아닙니다. 텍스트 몇 줄만 입력하면 나만의 음악이 뚝딱. 영상 크리에이터, 쇼츠 제작자, 혹은 그저 나만의 감성 브이로그를 만들고 싶은 사람들 모두, 이제는 AI 음악 생성 도구 하나면 충분해요. 음악 제작, 생각보다 정말 쉽습니다. 당장 한 번 써보세요. 그리고 말해보세요. "이 음악, 내가 만들었어!"

# 썸네일이 간판, SNS는 썸네일 경쟁

유튜브나 인스타그램에 영상을 올릴 때, 제일 먼저 보이는 건 바로 썸네일이죠. 이건 마치 가게 간판 같아요. 지나가던 사람이 "어? 저기 뭐지?" 하고 멈춰 서게 하는 첫인상.

그런데 썸네일을 예쁘게 만들려면 포토샵 배우고, 폰트 고민하고, 색 조합 신경 쓰고… 이제는 AI가 다 해줘요. 디자인 툴, 캔바(Canva)에서 썸네일을 뚝딱 만들 수 있어요.

영상이 아무리 재미있어도, 썸네일이 별로라면? 사람들은 그냥 스크롤을 넘깁니다. 썸네일에 따라 클릭률(CTR)이 최대 5배 차이가 나고, 인기 유튜버의 90%는 썸네일을 따로 제작한다고 합니다. 썸네일은 영상의 절반이에요.

## ▷ 캔바로 썸네일 제작하기

### ① 영상 주제 입력

- Canva 열고 → 'Magic Design' 클릭 → 영상 제목이나 주제를

한 줄만 씁니다. (예: 10분 만에 쇼핑몰 매출 올리는 법)

- 끝! AI가 알아서 이미지, 색, 폰트까지 제안해 줘요.

**② 스타일 선택**

- AI가 자동으로 썸네일 시안을 몇 개 보여줍니다.
- 원하는 분위기를 고르기만 하면 돼요.
- 귀엽고 밝은 느낌, 진지한 비즈니스 느낌, 감성 충만한 분위기 중에서 원하는 스타일 하나 클릭!)

**③ 이미지 바꾸기(선택사항)**

- AI가 추천해 준 이미지를 써도 되지만, 내가 찍은 사진이나 영상 캡처도 가능!
- 사진만 드래그해서 넣으면 끝.
- 복잡한 배경은? → '배경 제거' 버튼을 누르면 AI가 정리해 줍니다.

**④ 문구 자동 완성**

- Magic Write 기능이 제목 문구를 알아서 만들어 줘요.
(예: 강아지가 뺏어 먹은 간식, 10초 만에 매출 폭발!)
- 글자 색깔, 그림자, 위치 전부 AI가 예쁘게 정리해 줘요.
- 필요하면 '좀 더 부드럽게', '눈에 띄게'라고 말만 하면 됩니다.

**⑤ 저장하고 적용!**

- 마음에 드는 디자인 선택 → JPG로 저장 → 영상에 바로 적

용!

- 한 장만 만들기 아쉬우면? '비슷한 디자인으로 5개 더!'를 클릭하면 시리즈 썸네일도 자동 생성. 깔맞춤 끝!
- AI가 예쁜 썸네일만 만드는 게 아니에요. 사람 눈길 끄는 법까지 배운 똑똑한 친구예요. 예를 들면, 얼굴이 정면이면 클릭률이 높다는 것, 노랑·빨간색이 눈에 띈다는 것, 제목은 5~7단어가 딱 좋다는 것 등 사람들이 어디를 먼저 보는지 데이터로 학습해서 '딱! 멈추게 만드는 썸네일'을 만들어 주는 거예요

## ▷ 잘 만들어진 썸네일의 특징

### ① 브랜드 컬러 정하기

- 항상 같은 색 배경을 쓰면 채널 이미지가 확실히 각인돼요.

### ② 사람 얼굴 or 캐릭터 넣기

- 표정 있는 얼굴 = 클릭률 30%↑
- 직접 나오기 부담되면 AI 아바타도 OK!

### ③ 짧고 강한 문구

- 예: '10초 컷!', '할머니도 성공한 꿀팁'
- 한 줄로 끝내세요.

예전엔 썸네일 하나 만드는 데 30분도 넘게 걸렸죠. 그런데 지금은 5분이면 끝. 그것도 퀄리티 더 좋게. 실제로 Canva AI를 써본 유튜버들은 클릭률이 2~3배 상승했고, 구독자 증가 속도가 빨라졌다고 말합니다.

**⋯ 마무리 ⋯**

썸네일은 영상의 간판입니다. AI는 당신의 디자이너 + 분석가입니다. 감으로 만드는 디자인은 이제 끝났어요. 데이터 기반으로, 전문가처럼, AI가 함께 만듭니다. 지금 당장 Canva를 열고 영상 제목 한 줄만 써보세요. 클릭을 부르는 썸네일이 손에 딱 올라옵니다.

# 스토리보드는 영상의 설계도이자 지도

'영상은 카메라를 켜기 전에 이미 완성된다'는 말, 조금 어렵게 들리시죠? 영상은 찍기보다 그리기가 먼저라는 뜻이에요.

옛날에 김장을 할 때를 떠올려 보세요. 고춧가루, 마늘, 젓갈을 얼마나 넣을지 미리 머릿속에 '그림'을 그리시죠? 그렇지 않고 무턱대고 배추에 이것저것 넣으면 맛이 들쭉날쭉해집니다.

영상도 똑같아요. 찍기 전에 '무엇을, 어떤 순서로 넣고, 어떤 느낌으로 보여줄지'를 미리 그려보는 과정이 바로 스토리보드입니다.

스토리보드는 쉽게 말해 영상의 밑그림이에요. 건물을 지을 때 설계도가 없으면 벽이 기울거나 문이 엉뚱한 데 달리듯, 스토리보드가 없는 영상은 방향이 없고, 리듬이 깨지고, 시청자에게 전하는 메시지가 흐려집니다. 예를 들어볼게요.

- 첫 번째 장면: 사람의 손이 상품을 포장한다.
- 두 번째 장면: 완성된 상품이 탁자 위에 놓인다.
- 세 번째 장면: 손님이 받아보고 미소 짓는다.

이 세 장면만으로도 '정성스럽게 만든 제품이 고객에게 전해지는 이야기'를 보여줄 수 있죠. 이게 바로 '스토리보드'의 힘이에요. 영상의 스토리를 시각적으로 미리 짜두면, 촬영은 훨씬 빠르고, 결과물은 훨씬 명확해집니다.

스토리보드를 만들면, 다음과 같은 장점이 있습니다.

- 영상의 흐름(시작–중간–끝)이 한눈에 보이고
- 어떤 장면이 부족한지 금방 알 수 있고
- 편집할 때 쓸 장면만 남겨 시간 절약이 됩니다.

즉, 스토리보드는 '촬영용 나침반'이에요. 없으면 같은 자리를 맴돌게 되고, 있으면 어디로 갈지 바로 보입니다.

## ▷ AI가 스토리보드를 대신 그려준다

예전엔 스토리보드를 만들 때 손으로 직접 그림을 그리거나, PPT로 칸을 나눠 그려야 했어요. 하지만 이제는 AI가 스토리보드를 자동으로 만들어 주는 시대예요.

한마디로 이야기만 들려주면 AI가 영상의 밑그림을 알아서 그려준다는 거죠. 지금부터 소개할 3가지 AI 스토리보드 도구는 '그림을 못 그려도', '영상 기획을 몰라도' 쉽게 쓸 수 있는 대표적인 서비스들입니다.

## ▷ Storyboard Hero

**① 핵심 기능**

- 문장으로만 아이디어를 적으면 자동으로 장면별 컷 구성과 시각적 이미지 초안을 만들어 줍니다.
- 각 장면에 필요한 카메라 앵글, 등장인물, 배경, 자막 위치까지 제안해요.
- 완성된 스토리보드를 PDF나 PPT로 내보내기 가능.

**② 추천 상황**

- 처음 영상 아이디어를 정리할 때 '이걸 어떻게 찍지?' 하고 막막한 사람.
- 쇼핑몰 영상의 기획안을 빠르게 만들어야 하는 경우. 비유하자면, Storyboard Hero는 영상용 '요리책 저자'예요. "이 재료(아이디어)로 이런 순서로 조리(촬영)하세요" 하고 레시피를 알려주는 셰프 같아요.

## ▷ Boords

**① 핵심 기능**

- 간단한 스크립트를 입력하면 자동으로 장면별 박스(컷)를 그려줍니다.
- AI가 장면 설명을 바탕으로, 그림을 생성해 넣어줍니다.

- 영상 제작팀 없이도 한 사람이 기획 – 연출 – 편집 구조를 설계할 수 있어요.

② **추천 상황**

- 1인 크리에이터가 유튜브·쇼츠용 영상 기획할 때.
- '나중에 편집자에게 전달하기 쉬운 시각 자료'가 필요할 때 Boords는 메모장을 영상 설계도로 바꿔줘요. 머릿속 상상을 깔끔하게 칸칸이 정리해 주는 도우미죠.

## ▷ Storyboard AI

① **핵심 기능**

- 짧은 문장을 입력하면 AI가 자동으로 스토리보드 + 예시 장면 영상까지 생성.
- '이 제품을 어떻게 보여줄까?' 하고 고민할 때, 실제 영상 느낌으로 미리 확인 가능.
- 나중에 그 스토리보드를 그대로 영상으로 전환하는 기능까지 지원해요.

② **추천 상황**

- 쇼핑몰 광고 영상이나 브랜드 소개 영상처럼 스토리와 분위기가 중요한 경우.
- 촬영 전 '이 영상이 실제로 어떤 느낌일까?' 시뮬레이션을 해

보고 싶을 때.

이건 마치 '영상 감독님의 예언' 같아요. 찍기 전에 이미 완성본을 살짝 보여주는 거예요.

## ▷ 스토리보드 AI 활용 순서

**① 아이디어를 문장으로 적기**

- 예: 우리 카페의 하루를 짧은 영상으로 만들고 싶다.

**② AI 스토리보드 도구에 입력하기**

- 도구가 자동으로 컷을 나누고, 장면별 그림과 설명을 제안.

**③ 마음에 드는 장면 수정하기**

- '아침 햇살 장면 너 길게', '손님 웃는 장면 추가'처럼 구체화.

**④ 촬영 및 영상 생성으로 연결**

- 스토리보드에 맞춰 실제 영상을 찍거나, 텍스트 → 영상 생성 AI로 이어가기

이 과정을 거치면 영상 제작이 훨씬 빨라지고, 결과물도 깔끔해져요.

### 마무리

스토리보드는 영상의 설계도, AI는 그 설계도를 대신 그려주는 건축가입니다. 영상 초보자에게는 '촬영 전에 길을 알려주는 지도'이고, 1인 크리에이터에게는 '한 번의 클릭으로 팀 전체의 일을 줄여주는 도우미'예요. 이제 영상은 감이 아니라 계획으로 만듭니다. 카메라를 켜기 전에, AI 스토리보드로 그림을 그리고 시작해 보세요. 당신의 영상은 이미 그 순간 완성되고 있을 거예요.

# 읽히는 상세페이지는 설계가 다르다

시장에 가보면 "이거 국산이에요", "오늘 아침에 바로 만든 거예요" 하면서 손님 발길을 멈추게 만드는 말, 기억나시죠? 요즘 장사는 그 말 한마디가 인터넷 화면 속 글 한 줄로 바뀌었어요. 이걸 상세페이지라고 불러요.

그렇다면, 사람들의 눈길을 끌고, 사게 만드는 상세페이지는 어떻게 만들까요? 이제는 사람이 아니라, AI(인공지능)랑 같이 만들 수 있어요. 마치 시장에서 말 잘하는 점원 하나 붙인 것처럼요.

## ▷ 집의 동선처럼 상세페이지 설계하기

상세페이지를 만들 땐 그냥 막 쓰는 게 아니에요. '집'을 지을 때처럼 설계해야 해요.

- 현관: 첫인상! "이거 뭐지?" 하고 궁금하게 만드는 말
- 거실: 핵심 이야기! "이거 왜 좋아요?"

- 방: 직접 쓰는 모습 보여주기! “언제 어디서 어떻게 써요?”
- 주방: 자세한 정보! 사이즈, 재료, 옵션 등
- 창고: 질문 미리 답변! “반품은요? 알레르기 있으면요?”
- 현관 앞 초인종: “지금 사세요!” 버튼

이 순서를 따라가면, 보는 사람이 길을 잃지 않아요. 이건 마치 시장에서 물건을 구경하다가 ‘아 이거 딱 우리 손주 간식이네!’ 하고 딱 꽂히는 그 느낌을 만들기 위한 거예요.

## ▷ AI에게 타깃 고객 설명하기

AI에게 ‘이걸 누가 살 건지’ 알려줘야 똑똑한 문장을 써줘요.

- 30대 여성이 반려견을 처음 키워요.
- 강아지가 민감해서 성분 안전이 중요해요.
- “국산 맞나?”, “우리 강아지도 괜찮을까?” 이런 걱정 많아요.

그럼 AI한테 이렇게 말하는 거예요.

“30대 초보 강아지 보호자에게 맞게, 따뜻하고 믿을 수 있는 말투로 써줘. 그리고 관심 끌기 → 장점 정리 → 사용 모습 → 증거 → 옵션표 → 자주 묻는 질문 → 사세요 버튼으로 구성해 줘.”

이렇게 자세히 말하면, AI는 그 손님 마음에 쏙 드는 말을 만들어 줘요. 그냥 “이거 좋아요”가 아니라, “우리 강아지도 안심하고 먹을 수 있어요"처럼요.

## ▷ 설명의 순서가 중요하다

똑같은 간식도, "이거 싸요!"부터 말하는 것과 "이거 국산 재료 90%에요!"부터 말하는 것과 느낌이 다르죠? 그래서 순서가 중요해요. 이걸 '메시지 계층'이라고 불러요. 밥상으로 비유해 볼게요.

- 후킹 문구: 국산 닭가슴살 90%!
- 핵심 혜택: 기호성 좋고, 부드럽고, 간편해요.
- 신뢰 주기: 후기로 "강아지가 잘 먹어요!" 수치도 같이!
- 사용 상황: 산책 후, 훈련 보상, 칭찬할 때
- 상세 정책: 하루 몇 개? 보관은? 환불은?

이렇게 AI에게 순서를 정해주면, 장사 말발이 착착 맞아요.

## ▷ AI로 상세페이지 쓰는 방법

AI와 장사를 하려면, '레시피'가 있어야 해요. 순서는 다음과 같아요.

### ① 준비

- 제품 이름, 재료, 사이즈, 어디서 만들었는지, 자주 나오는 질

문 등 다 정리해요.

- 예: 국내산 닭가슴살, 스틱형, 200g, 제조 일자, "얼마나 줘야 하나요?"

② **초안 만들기**

- AI에게 다음과 같이 시켜보세요.
- e-커머스 카피라이터 역할을 맡아줘. 모바일에서 잘 보이게 해줘.
- 구조는 후킹 → 혜택 → 사용 장면 → 증거 → 스펙표 → FAQ → CTA
- 과장 말고 사실만, 수치 2개 이상 넣고.

③ **맞춤형 수정**

- 초보 보호자가 안심할 수 있는 말 중심으로 다시 써줘.
- 어려운 말은 초등학생 설명처럼 바꿔줘.
- 첫 3줄은 짧게! (80자 이내)

④ **과장 없게 만들기**

- 원재료 비율, 원산지, 보관 방법까지 넣어요.
- "이건 의학적 효과 있어요"와 같은 말은 빼고
- FAQ에 "알레르기 있을 때는요?" 같은 질문도 넣어요.

⑤ **버전 여러 개 만들기**

- 감성 스토리형: "산책 후, 간식 하나로 관계가 쑥~"

- 스펙 중심형: "닭가슴살 90%, 무첨가, 냉장 보관"
- 가격 강조형: "지금 첫 구매 10% 할인"
- 이렇게 3가지 써보고, 어떤 게 더 잘 팔리는지 비교해요.

## ▷ 강아지 간식 상세페이지(예시)

**① 첫 문장(3줄)**

- "국내산 닭가슴살과 당근으로 만든 간식이에요. 강아지가 좋아하고, 보호자는 안심할 수 있어요. 산책 후 보상으로 딱이에요!"

**② 장점(불릿으로 정리)**

- 국내산 재료 90% 이상
- 부드러운 스틱이라 급여 쉬워요.
- 첨가물 없고, 포장도 냄새 안 나게
- 급여량 가이드 동봉
- 제조사·원산지 공개

**③ 사용 모습**

- 산책 끝나고 "잘했어!" 하면서 간식을 주면, 강아지가 꼬리를 살랑살랑 흔들어요.

④ **증거**

- 닭가슴살 90%, 당근도 국내산
- 후기: "우리 아이가 처음인데도 잘 먹어요!"

⑤ **스펙 요약**

- 용량: 200g
- 보관: 개봉 후 냉장
- 주의: 닭 알레르기 있는 경우는 상담 후

⑥ **FAQ**

- 얼마나 줘요? → 5kg 기준 1~2개
- 냄새나요? → 사람에겐 약해요. 강아지는 좋아해요.
- 유통기한? → 12개월

⑦ **구매 유도(CTA)**

- "오늘 산책 보상 준비하세요 - 첫 구매 10% 할인!"

··· **마무리** ···

온라인 쇼핑몰에서 상세페이지는 시장 좌판의 '직접 설명'과 같습니다. 장바구니를 든 아주머니가 걸음을 멈추게 하는 점원의 '한마디'가 상세페이지의 첫 화면이에요. 그리고 '좋다', '편하다'와 같은 막연한 말보다는 숫자·증거와 사진 속 상황으로 신뢰를 주어야 합니다.

III

# 영상 스크립트, 스토리텔링의 힘

REC

# 숏폼 영상 대본의 골든 룰

요즘엔 물건을 팔려면 말보다 영상이 더 잘 통하는 시대입니다. 하지만 아무 영상이나 올린다고 팔리는 건 아닙니다. 진짜 중요한 건 딱 처음 3초. 이 짧은 순간 안에 시선을 붙잡지 못하면, 고객은 그냥 다음으로 넘어가 버려요. 마치 시장 골목에서 사람들이 바쁘게 지나가는 것처럼, 스마트폰 속에서도 '멈춰 세우는 한마디'가 필요한 거죠.

지금부터 단 3초에 시선을 멈추게 하고, 15초 안에 구매 욕구를 자극하는 숏폼 영상 대본의 모범 구조를 소개합니다.

## ▷ 3초의 법칙, 시선부터 잡아야 팔린다

영상에서 제일 중요한 순간은 처음 3초입니다. 메타(페이스북) 조사에 따르면, 영상을 보는 사람의 절반이 3초 안에 시청을 멈춘다고 해요. 즉, 이 3초 안에 관심을 확 끌어야 살아남습니다. 그래서 첫 문장을 '후크(hook)'라고 부르죠. 사람들이 "어? 이게 뭐지?" 하고 멈추게 만들어야 해요.

- “이거 보고 3초 만에 지갑 열었어요.”
- “이거 하나로 퇴근 시간이 30분 빨라졌어요.”
- “이거 없으면 진짜 불편해요, 왜 이제 알았을까?”

이건 마치 시장에서 “아이고~ 지금 아니면 못 사요!” 하고 외치는 소리와 같아요. 사람 마음을 확 끌어야 그다음 이야기를 들으니까요.

## ▷ 문제 제시: 공감이 중요

사람들은 자기 문제를 해결해 주는 이야기에만 귀를 기울입니다. 그래서 제품 자랑부터 하면 안 돼요. 대신 시청자도 겪고 있을 만한 불편함을 먼저 보여줘야 합니다.

- “매일 아침 머리 손질하느라 지각해요.”
- “지갑이 너무 두꺼워서 바지가 울어요.”

이런 문장을 들으면 시청자는 “저건 내 얘기잖아?” 하고 멈추게 됩니다. 어떤 할머니가 “요즘 무릎이 아파서 잠이 안 와”라고 말하면, 듣는 사람도 ‘어머, 우리 엄마도 그런데…’라고 공감하는 것처럼요.

### ▷ 해결 제시: 제품이 아니라

문제를 보여줬다면 이제 제품을 소개할 차례입니다. 하지만 단순히 "이 제품 좋아요"라고 하면 그냥 광고처럼 보여서 넘겨버립니다. 대신 이렇게 말해보세요.

"예전엔 립스틱 찾느라 5분 넘게 걸렸는데, 이 정리함 하나로 10초면 끝나요."

사용 전후를 비교해 보여주면, 시청자가 '나도 저렇게 되고 싶다'는 생각을 하게 됩니다. 제품의 기능이 아니라, 그 제품 덕분에 바뀐 하루의 모습이 팔리는 거예요. 전기밥솥을 자랑하는 모습보다 "이제는 매일 따뜻한 밥 먹어요"라는 말이 더 와 닿는 것처럼요.

### ▷ 증거 제시: '진짜 좋아'를 믿게

"이거 써봤더니 좋아요"라는 말만으로는 부족합니다. 진짜 신뢰를 주려면 증거가 필요해요.

- "사용 전보다 아침 준비 시간이 70% 줄었어요."
- "이 제품은 한 달에 3만 개나 팔렸어요."
- "리뷰에 다 똑같이 쓰여 있어요. 없으면 불편하다고."

숫자, 리뷰, 실제 사용 장면이 들어가야 '광고가 아니라 진짜네?' 하는 신뢰가 생깁니다. 물건 살 때, 옆 사람이 "이거 써봤는데 정말 좋아요"라고 하면 더 믿음을 갖게 되잖아요? 바로 그 효과를 영상으로 만들어야 해요.

### ▷ 클릭하게 만드는 마지막 한마디

영상의 마지막 3~5초는 시청자가 행동하게 만드는 시간입니다. 이걸 '콜 투 액션(CTA)'이라고 해요. 그냥 "링크 클릭하세요"라는 문구는 너무 밋밋해요. '감정 + 구체성'이 필요합니다.

- "지금 장바구니에 넣어두세요, 나중에 품절돼요."
- "하루 커피값으로 당신의 출근길이 달라집니다."
- "오늘까지만 20% 할인! 내일은 원래 가격이에요."

지금 사야 할 이유, 사지 않으면 손해인 느낌, 이런 말이 구매로 이어집니다.

### ▷ 3-7-10-5 구조: 숏폼 영상 대본의 모범 공식

이 구조는 실제 숏폼 마케팅에서 가장 효과 좋다고 알려진 구조입니다. 총 27초짜리 영상을 기준으로 나눠볼게요.

| 구간 | 시간 | 내용 요약 |
|---|---|---|
| Hook | 0~3s | 시선을 붙잡는 문장 및 장면 |
| Problem | 3~7s | 시청자가 공감할 문제 제시 |
| Solution | 7~17s | 제품을 통해 바뀐 삶의 장면 |
| Proof | 17~22s | 실제 후기, 숫자, 비교 장면 |
| CTA | 22~27s | 구체적 행동 유도 문장 |

이 구조대로 스크립트를 쓰면, 영상이 짧아도 스토리, 설득, 신뢰, 구매 유도까지 완성됩니다.

## ▷ 영상 구조 예시: 휴대용 미니 가습기

① 〔0~3초〕

- "지하철에서 숨 막히지 않게 하는 법, 이거 하나면 끝!"

② 〔3~7초〕

- "겨울마다 코가 말라서 힘들었죠? 저도 그랬어요."

③ 〔7~17초〕

- "이 미니 가습기를 쓰면, 이동 중에도 촉촉해요. 보조배터리만 연결하면 어디서든 사용 가능!"

④ 〔17~22초〕

- "진짜로, 하루 종일 마스크 안이 덜 답답해요. 1만 명이 후기 남긴 이유가 있더라고요."

⑤ 〔22~27초〕

- "지금 프로필 링크에서 30% 할인 중이에요. 품절 전에 얼른 챙기세요!"

비록 짧은 영상이지만, 보는 사람 마음속에 '이거 나도 필요해'라는 욕구를 심어줍니다.

## ▷ 숏폼 대본에 숨은 심리학 3가지

**① 도파민 자극**

- 예상하지 못한 말이나 장면은 뇌를 자극해서 멈추게 해요.
- 예: "손이 먼저 지갑을 열었어요."

**② 거울 뉴런 효과**

- 다른 사람이 쓰는 걸 보면 나도 써보고 싶어져요.
- 그래서 사용 장면이 중요해요.

**③ 희소성 심리**

- "오늘까지만", "남은 수량 12개"와 같은 문장은 사람들의 구매

욕구를 자극해요.

- 지금 안 사면 손해인 것처럼 느끼게 하는 거죠.

··· **마무리** ···

SNS에서 잘 되는 숏폼 영상의 공통점은 제품이 아니라 감정의 흐름을 설계했다는 겁니다. 제품 설명만 한다고 팔리지 않아요. 사람들이 '이걸 쓰면 내 삶이 얼마나 좋아질까?'와 같이 생각하게끔 유도해야 합니다.

# 팔리는 숏폼, 첫 3초가 결정

많은 크리에이터들이 '영상은 잘 만들었는데 왜 반응이 없지?'라고 고민하죠. 하지만 문제는 영상 퀄리티가 아니라 대본(스크립트)입니다. 팔리는 영상은 우연히 만들어지는 게 아닙니다. 짧은 30초 안에도 철저한 설계와 심리 전략이 들어가 있어요. 팔리는 숏폼 대본 5단계 공식을 살펴볼게요.

## ▷ 후크(Hook): 첫 3초가 승부를 가른다

사람들이 SNS에서 영상을 보고 계속 볼지 말지 결정하는 시간은 단 3초입니다. 이때 시선을 못 끌면 나머지 시간은 아무 소용이 없어요. 그래서 첫 문장은 이렇게 시작해야 합니다.

- "이걸 쓰고 나서 인생이 바뀌었어요."
- "하루에 단 하나만 바꿨는데 아침이 달라졌어요."
- "이거 몰랐다면 아직도 돈이 새고 있었을걸요?"

핵심은 궁금증과 감정을 자극하는 한 문장입니다. 너무 길면 효과가 떨어지니 1줄, 1.5초 이내로 짧고 강하게 전달해야 합니다.

### ▷ 공감(Empathy): 이거 내 얘기잖아

사람은 자기 얘기가 나올 때 집중합니다. 제품을 먼저 소개하는 건 좋지 않아요. 그 전에 '문제 상황'을 먼저 보여주세요.

- "출근 전에 화장대가 전쟁터인 분, 저만 그런가요?"
- "매일 엉망인 가방 안에서 물건 찾다가 지각하는 분들, 필수입니다."

내 얘기를 하는 듯한 상황을 먼저 보여주면 시청자는 '맞아, 나도 그래' 하고 주목합니다. 이후에 자연스럽게 해결책을 제시하면 됩니다.

### ▷ 해결(Solution): 제품이 아니라 '변화'

많은 분들이 여기서 실수합니다. 제품 설명만 열심히 해요. 하지만 사람들은 제품보다 그 제품을 쓰고 나서 나에게 어떤 변화가 생길지를 보고 삽니다.

- X: "이 텀블러는 보온력이 좋아요."

- O: "아침에 넣은 커피가 퇴근할 때까지 따뜻하더라고요."

이처럼 전과 후를 비교하며 '변화'를 보여주는 방식이 효과적입니다. 짧게라도 "이전엔 ○○했는데, 지금은 이렇게 바뀌었다"는 구성이 좋습니다.

### ▷ 증명(Proof): 실제 '보여주는 장면'

요즘 소비자들은 광고를 잘 믿지 않습니다. 대신 진짜 사용자의 경험엔 쉽게 반응하죠. 그래서 꼭 넣어야 할 요소는 다음과 같습니다.

- 실제 후기 자막이나 리뷰 캡처
- "3만 명이 이미 샀어요!"와 같은 사회적 증거
- 사용 전후 비교 영상
- 친구가 "향수 이떤 거 써?" 하고 물어본 일화 등

이런 장면들은 광고처럼 보이지 않아야 더 신뢰를 얻습니다. 내레이션보다 표정, 숫자, 자막이 더 큰 힘을 발휘해요.

### ▷ 행동 유도(CTA): 감정을 건드려야

영상 끝에서 구매나 클릭을 유도하는 문장(CTA)이 없으면 아무리

잘 만들어도 매출로 이어지지 않습니다. 단순히 "지금 구매하세요!"는 이제 효과가 약합니다. 대신 이런 식으로 감정을 자극해야 합니다:

- "지금 사면 내일 아침이 달라져요."
- "오늘까지만 이 가격이에요, 놓치면 후회해요."
- "저는 두 개 샀어요. 하나는 엄마 드리려고요."

놓치기 싫은 감정이 CTA의 핵심입니다. 영상의 마지막 3초가 실제로 매출이 되는 구간이죠.

## ▷ 전체 흐름 공식: H-E-S-P-C

이 다섯 단계를 외우기 쉽게 정리하면 이렇게 됩니다. 이 구조는 틱톡 숍, 유튜브 쇼츠, 쿠팡 플레이에서 매출이 잘 나오는 영상들의 공통 패턴입니다.

| 단계 | 시간 | 목적 | 예시 문장 |
|---|---|---|---|
| H(Hook) | 0~3초 | 시선 끌기 | "이거 없으면 아침 진짜 힘들어요." |
| E(Empathy) | 3~7초 | 공감 유도 | "저도 매일 화장대에서 립스틱 찾다 지각했거든요." |
| S(Solution) | 7~17초 | 해결 제시 | "이 정리함 덕분에 10초면 끝나요." |
| P(Proof) | 17~23초 | 신뢰 확보 | "지금 3만 명이 사용 중이에요." |
| C(CTA) | 23~30초 | 행동 유도 | "지금 링크 눌러서 할인받아 가세요." |

··· **마무리** ···

SNS 영상은 단순한 정보 전달이 아니라, 시청자의 감정을 움직이는 기술입니다. 그 감정을 정확히 설계한 스크립트만이 클릭을 만들고 매출을 만듭니다. 영상을 찍기 전에 먼저 생각해 보세요. '내 고객은 어떤 감정을 느껴야 이 영상을 끝까지 볼까?' 그리고 그 감정을 건드리는 문장부터 다시 써보세요. 팔리는 영상은 대본부터 다릅니다.

# 조회수 떡상,
# 후킹의 3가지 유형

요즘 쇼핑, 정보 탐색, 재미까지 모두 숏폼 영상에서 시작됩니다. 틱톡, 인스타그램 릴스, 유튜브 쇼츠 등 하루에도 수십 개씩 스크롤 하는 시대, 내 영상은 왜 시작하자마자 넘겨질까? 답은 명확합니다. 후크 포인트(Hook Point)가 약하기 때문입니다.

후크 포인트란, 영상이 시작하자마자 사람의 시선을 '톡' 붙잡는 요소. 대부분 1~3초 안에 작동해야 하고, 작동하지 않으면 영상은 바로 탈락합니다. 사람들은 이제 평균적으로 1~2초 만에 스크롤을 넘깁니다. 재미있고 유익한 내용이 아무리 많아도 시작이 밋밋하면 볼 기회조차 사라지는 시대예요. 생각해 보세요. 시장에서 사과를 팔 때 "사과 있어요"라고 하면 다들 그냥 지나가죠. 하지만 "오늘 아침에 따온 아삭한 사과! 한 입만 드셔 보세요!"라고 하면 누구든 멈춰섭니다. 영상도 똑같습니다. 영상의 첫 문장은 시장 입구에서 고객을 멈추게 하는 멘트, 즉 후크 포인트입니다.

## ▷ 효과적인 후크 포인트 유형 3가지

**① 예상 밖 장면(시각적 충격)**

- 사람을 멈추게 하는 가장 빠른 방법은 예상을 깨는 시각 정보입니다.
- 강아지가 냉장고 문을 발로 열고 뭔가 꺼내려는 장면
- 화장품을 개봉하자마자 '톡' 터지는 제형
- 라면 위에 얼음을 얹는 낯선 비주얼
- 설명 없이도 사람들의 시선을 멈추게 하죠. 호기심은 즉각적인 반응을 유도합니다.

**② 문제 제시형 문장(공감 + 궁금증)**

- 사람들이 자주 겪는 문제를 한 문장으로 툭 던지면 시청자는 '그거 나도 궁금했던 건데'라고 관심을 보이며 집중하게 됩니다.
- "왜 우리 강아지는 발바닥이 자꾸 마를까?"
- "손님이 자꾸 떠나는 쇼핑몰, 이유는 단 하나입니다."
- "당근을 싫어하는 아이도 먹는 반찬 비법은?"
- 공감 + 궁금증 = 끝까지 보게 합니다.

**③ 감정 or 행동 표현(감정 에너지)**

- 사람은 감정이 흔들릴 때 멈춥니다.
- "헉… 진짜 매출이 두 배 올랐어요!" (충격 고백)
- "와아!" 하며 놀라는 리액션

- 손님이 제품을 보고 깜짝 놀라는 장면
- 감정과 에너지가 느껴지면 자극이 되고, 자극은 집중을 부릅니다.

## ▷ 후크 포인트로 뜬 실제 영상 사례

### ① 반려견 간식

- 첫 장면: 강아지가 간식 봉투를 발로 '톡' 치며 눈을 빛냄.
- "저 간식 뭐길래 저렇게 반응하지?" → 궁금증 유발 → 시청 유지율 상승
- 포인트: 제품 설명이 아니라 반려동물의 반응이 후크 역할

### ② 다이어트 식단

- 첫 멘트: "이거 먹으면서 3kg 빠졌어요… 근데 맛있어요."
- "맛있는데 빠진다고?" → 반전 + 호기심 → 끝까지 시청 유도
- 포인트: 결과 먼저, 설명은 나중

### ③ 쇼핑몰 브이로그

- 첫 멘트: "오늘 새벽 6시에 주문이 40건이나 쌓여 있었습니다."
- "뭐 팔길래?" → 자연스럽게 제품 홍보 연결
- 포인트: 스토리 시작부터 긴장감 형성

## ▷ 후크 포인트를 만드는 실전 팁

영상 초보자도 쉽게 따라 할 수 있는 팁을 정리했습니다.

**① 상품이 아니라 '상황'으로 시작한다**

- X: "이 제품은요."
- O: "강아지가 이걸 먹고 나서 계속 짖어요!"
- 상황은 몰입을 부른다.

**② 화면에 '움직임'을 넣는다**

- 정적인 화면보다 손, 사람, 동물, 제품이 크게 움직이는 장면을 넣으세요.
- 움직임 = 시선 정지

**③ 짧고 강한 소리를 활용한다**

- "톡!" "우와!" "찰칵!" 등 짧고 명확한 소리는 귀를 잡아끕니다. 영상 편집 시 효과음을 꼭 고려하세요.
- 90%의 영상이 첫 3초 안에 운명이 갈립니다.
- 정성껏 만든 영상도 후크 포인트가 약하면 80%는 이탈합니다.
- 반대로, '잠깐! 뭐야 이거?'라고 한 번만 느끼게 한다면 조회수가 달라집니다.
- 시장에서 "오늘 아침에 따온 과일이에요"라는 말로 손님을 멈추게 하듯, 영상도 첫 한마디, 첫 장면이 성패를 가릅니다.

··· **마무리** ···

후크 포인트는 영상의 생존 시간입니다. 후크를 못 잡으면 영상은 사라지고, 후크를 잡으면 조회수, 판매, 브랜드, 모두 움직입니다. 이제, 당신의 숏폼에도 후크 포인트를 심어보세요. 그 3초가 전부를 바꿀 수 있습니다.

# 영상 시작 첫 3초의 후킹 멘트 예시

요즘은 영상이 곧 광고이자, 매출입니다. 틱톡, 릴스, 유튜브 쇼츠처럼 짧은 영상 하나에 사람들이 클릭하고, 반응하고, 심지어 바로 구매까지 하니까요. 그런데 영상 기획하고 촬영까지 잘해놓고, 조회수가 안 나오는 분들 많죠?

- '이 영상 재밌는데 왜 넘기지?'
- '광고 같지 않게 말하려면 뭐라고 시작하지?'

위와 같이 고민해 본 적이 있다면, 그 이유는 딱 하나! 후킹 멘트가 약해서입니다. 후킹 멘트는 영상의 첫 1~3초 안에 사람을 멈추게 하는 한마디예요. 내용이 좋아도 시작이 밋밋하면 사람들은 그냥 넘겨버립니다. 그런데 이 후킹 멘트, 어렵게 짜지 않아도 돼요. 업종별로 자주 쓰이는 패턴만 알면 누구나 쉽게 쓸 수 있어요.

지금부터 업종별로 바로 쓸 수 있는 초간단 후킹 멘트 예시를 살펴보겠습니다.

## ▷ 업종별 후킹 멘트 모음

**① 쇼핑몰(의류·잡화)**

- 옷, 신발, 가방 파는 사장님들 필수!
- "요즘 이 바지 찾는 사람이 엄청 많아요."
- "핏 하나로 5kg나 빠져 보인다고요?"
- "이 가방 진짜… 손님들이 어디서 샀냐고 물어봐요."
- "이렇게 입었더니 DM이 30개나 왔어요."
- "출근룩 고민 끝났습니다. 이거 하나면 돼요."

② F&B(**카페·음식점·간편식**)

- 음식, 디저트, 음료, 밀키트에 딱!
- "이거 먹고 하루 스트레스가 다 풀렸어요."
- "칼로리도 낮은데 왜 이렇게 맛있죠?"
- "손님들이 와서 이거만 찾는 이유는?"
- "맛보자마자 다들 말이 없어졌어요."
- "전자레인지 3분, 고깃집 퀄리티 나온다니까요?"

**③ 반려동물(간식·용품·서비스)**

- 강아지, 고양이 관련 제품·영상이라면 이렇게!
- "우리 강아지가 이거 먹으려고 앉아서 기다려요."
- "한 입 먹더니 꼬리가 멈추질 않네요."
- "이거 쓰고 털 날림이 진짜 확 줄었어요."
- "강아지 목욕할 때 이거 하나 바꿨더니 달라졌어요."

- “고양이가 좋아하는 간식 찾기 힘들잖아요? 이건 잘 먹어요.”

④ **뷰티(화장품·스킨케어·헤어)**

- 메이크업, 기초, 헤어제품 등
- “발랐는데, 어? 진짜 이마 광 보이죠?”
- “이거 바르고 친구가 피부과 갔다 왔냐고 물었어요.”
- “쿠션 열자마자 향이 미쳤어요.”
- “화장 안 먹는 날, 이거 하나 바르면 달라집니다.”
- “머리 감고 이거 바르니까 미용실 다녀온 줄 알았대요.”

⑤ **생활·소형가전·잡화**

- 집 꾸미기, 편한 제품, 일상템
- “이거 하나로 청소 시간이 10분이나 줄었어요.”
- “진짜 이 조명 하나로 분위기가 바뀝니다.”
- “쓰던 거 버렸어요. 이게 훨씬 편해요.”
- “아침 루틴이 이걸로 바뀌었어요.”
- “다이소에도 없던 꿀템, 이거 어디서 샀냐고요?”

⑥ **서비스업(PT·클래스·교육 등)**

- 오프라인 수업, 강의, 온라인 교육 등에 적합
- “이 수업 듣고 진짜 자신감이 생겼어요.”
- “사장님들, 고객 응대 이거 하나만 바꾸세요.”
- “3시간 배우고 바로 써먹었어요.”
- “운동 싫어하던 제가 매일 가는 이유는?”

- "이 수업 듣고 바로 매출 올라간 사람도 있어요."

## ▷ 후킹 멘트, 이렇게 쓰면 더 효과적!

### ① 숫자, 감정, 반전 요소 넣기

- 숫자는 믿음을 줘요: "3kg 빠짐", "조회수 10만"
- 감정 표현이 생동감을 줘요: "소름", "울 뻔", "와…"
- 반전은 궁금증을 자극해요: "근데 맛있어요.", "진짜 안 먹던 애가…"

### ② 내가 아니라 '고객 반응' 중심

- "제가 좋아하는"보다 "손님이 찾는"이 더 효과적
- "우리 집 강아지가 좋아함" → "강아지가 미쳤어요 이 간식에"

### ③ 문제 상황으로 시작

- "화장이 들뜬다?" → "이거 하나면 밀착 끝"
- "배송 때문에 불편하셨죠?" → "그래서 이렇게 바꿨어요."

**… 마무리 …**

후킹 멘트는 하루아침에 잘 안 나올 수도 있어요. 하지만 앞서 알려드린 업종별 예시만 잘 활용해도 조회수, 구매 전환율이 확실히 달라질 겁니다. 영상은 시작이 전부입니다. 딱 한 문장, 딱 한 장면. 이게 보는 사람을 멈추게 만들어요.

# 후킹 편집
# 포인트 6가지

요즘 틱톡, 릴스, 유튜브 쇼츠처럼 짧은 영상 하나로 조회수 10만, 매출 수백만 만드는 사람들이 점점 늘고 있죠? 그런데 아무리 영상을 올려봐도 조회수가 안 나오는 분들, 이런 생각 한 번쯤 해보셨을 거예요.

- '나는 내용도 괜찮은데 왜 안 뜨지?'
- '내 영상도 괜찮다고 생각했는데 금방 넘겨버리네….'

그 이유는 편집에 있습니다. 특히 요즘처럼 영상이 넘쳐나는 세상에서는 '편집'이 영상의 운명을 바꿔요.

후킹 편집이란, 쉽게 말해서, 사람을 영상에 붙잡아 두는 편집입니다. 요즘 사람들은 영상을 볼 때, 처음 2~3초만 보고 재미가 없으면 바로 넘겨버립니다. 즉, 영상 초반에 '오잉?' 하고 깜짝 놀라게 만들고, 끝까지 보게 하는 게 후킹 편집의 핵심이에요.

## ▷ 후킹 편집 포인트

**① 텍스트는 큼직하고 간단하게!**

- 글자가 작으면 못 보고 넘어가 버립니다.
- 핵심 문장만 1~2줄로
- 글자 크기 크게, 위치는 중앙 또는 눈에 띄는 곳
- "이 한 입에 3kg이나 빠졌어요."
- "손님이 여기서 깜짝 놀랐어요!"
- 팁: 자막이 많을수록 덜 봅니다. 한눈에 들어오는 문장이 최고!

**② 처음 3초에 무조건 '움직임'을 넣기**

- 사람의 눈은 움직이는 걸 따라가게 되어 있어요.
- 손, 얼굴, 동물이 툭 튀어나오거나, 제품이 톡 떨어지거나, 갑자기 화면이 줌인 or 줌아웃 되는 장면을 초반에 넣기
- 예시: 강아지가 갑자기 봉지를 긁는 장면, 라면에 얼음을 '톡' 얹는 장면, 손이 갑자기 프레임 안으로 들어오며 제품을 보여주는 컷

**③ 짧은 효과음은 필수!**

- 짧고 강한 소리는 귀를 확 잡아끌어요.
- 추천 효과음: 팝!, 톡!, 찰칵!, 와아!, 띠링~
- 충격, 감탄, 전환 타이밍에 넣기
- 팁: 소리는 너무 크지 않게, 말소리나 음악을 방해하지 않도록

조절

**④ 빠른 컷 편집으로 지루함을 없애기**

- 한 장면을 너무 오래 보여주면 지루함 → 스킵이 생깁니다.
- 1~2초마다 컷 전환
- 같은 장면이라도 앵글만 바꾸면 OK
- 말이 길어질 땐 자막만 살리고 말은 자르기
- '제품 언박싱'을 그냥 보여주지 말고, 개봉 → 터트림 → 손 반응 → 사용 → 결과, 이렇게 짧게 나눠서 탁탁 바꾸기

**⑤ 감정 리액션은 크게!**

- 사람이 뭔가에 놀라거나 웃거나 화내는 장면은 '공감 + 집중'을 끌어요.
- 직접 말하지 않아도 '우와!' 하는 표정만 잡아줘도 효과 만점
- 리뷰나 후기도 감정 리액션 컷 먼저, 설명은 나중
- "이거 신싸요?"라며 눈이 커지는 장면
- 손님이 웃거나 깜짝 놀라는 장면

**⑥ '문제 → 해결' 구조는 효과적**

- 사람은 자기 문제를 해결해 주는 영상에 끝까지 집중합니다.
- 영상 초반: "왜 ○○는 잘 안 될까?"
- 영상 중간: "그 이유는 바로 이거예요."
- 영상 후반: "그래서 저는 이렇게 바꿨어요."
- 예시: "왜 쇼핑몰에서 자꾸 이탈할까?" → "상품 설명 전에 이

걸 먼저 보여줘야 합니다." → "이 한 마디 바꾼 뒤, 구매율이 확 올랐어요."

## ▷ 후킹 편집, 이렇게!

초보자도 기억하기 쉽게 핵심만 정리하면 다음과 같습니다.

| 편집 포인트 | 왜 중요한가? |
|---|---|
| 크고 짧은 자막 | 눈에 띄고 바로 이해돼야 하니까 |
| 초반 움직임 | 눈을 멈추게 하니까 |
| 짧은 효과음 | 귀를 자극해서 집중시킴 |
| 빠른 컷 전환 | 지루함 줄이고 리듬감 살림 |
| 감정 리액션 컷 | 공감과 몰입을 유도함 |
| 문제 → 해결 구조 | 시청자 궁금증을 끝까지 끌고 감 |

**··· 마무리 ···**

영상 퀄리티는 사실 장비보다도 편집에서 차이가 납니다. '기획도 좋고, 스토리도 괜찮은데 왜 내 영상을 사람들이 잘 보지 않을까?' 하고 고민 중이시라고요? 편집을 바꾸면 결과도 달라집니다. 처음 3초를 후킹하고, 지루함 없이 리듬 있게 보여주고, 문제를 해결해 주는 구조로 마무리. 이 3가지만 지켜도 조회수, 좋아요, 전환율이 달라질 거예요.

# 사람은 물건이 아니라 '의미'를 산다

"이 수세미는 손에 착 붙어요. 설거지할 때 어깨 힘도 덜 들어가요!"

시장에 갔을 때 이런 홍보 멘트 한 번쯤 들어본 적 있으시죠? 그러면 괜히 '그래, 이게 나에게 편하겠다' 하고 사게 되잖아요? 숏폼 영상도 똑같습니다. 사람들은 상품 그 자체보다 '이걸 쓰면 내 삶이 조금 바뀌겠구나' 하는 이유와 의미를 삽니다.

예를 들어, 강아지 간식을 보여주면서 "단백질 몇 그램, 칼로리 얼마"라고 말하는 영상은 그냥 정보를 전할 뿐이에요. 하지만 "퇴근하고 집에 오면 꼬리 흔들며 기다리는 우리 아이에게 주는 '하루의 보상'이에요"라고 말하는 순간, 의미가 딱! 붙습니다. 그 순간 소비자는 '아, 이건 우리 집에도 필요하겠다'라고 느끼게 되죠.

다시 말해, 요즘 소비자들은 단순하게 물건을 사지 않습니다. '이걸 쓰면 나는 더 편해질까?', '더 예뻐 보일까?', '더 행복해질까?' 이런 생각을 먼저 합니다. 즉 소비자들은 상품을 사용함으로써 자신의 모습이 조금 더 좋아질 것 같은 느낌을 원합니다. 그래서 숏폼 영상은 제품을 설명하기보다 "이걸 쓰면 당신의 하루가 이렇게 달라져요"라는 작은 미래를 보여줘야 합니다.

## ▷ '의미'를 붙이는 스토리텔링 공식 4가지

### ① 사람들이 '내 얘기 같아'라고 느끼게 하기

- 먼저 사람들의 일상에서 시작하세요.
- "퇴근하고 집 오면 아무것도 하기 싫죠?"
- "강아지와 산책할 때 손이 시린 적 많죠?"
- "아침에 화장할 때 거울 앞에서 한숨 나온 적 있죠?"
- 이렇게 말하는 순간, 사람들은 '맞아! 이거 내 이야기인데?' 하고 끌립니다.

### ② 제품이 아니라 '변한 나의 모습'을 보여주기

- 사람들이 사고 싶은 건 기능이 아니라 변화된 '나'입니다.
- "이걸 쓰고 나면 10분을 아낄 수 있어요."
- "아이랑 보내는 시간이 더 따뜻해져요."
- "내가 괜찮아 보이는 하루가 돼요."
- 숏폼 구조는 간단합니다. Before(불편함) → 제품 등장 → After(나아진 하루), 이 변화가 바로 '의미'입니다.

### ③ 상품에 '특별한 이유'를 하나 붙이기

- 세상 모든 물건에는 '이유'를 붙일 수 있어요. 그 이유가 곧 사람들이 느끼는 의미가 됩니다.
- 반려견 간식 → "우리 아이와 나를 이어주는 하루의 언어"
- 커피 드리퍼 → "아침 3분 나만을 위한 휴식"
- 다이어리 → "내년의 나를 설계하는 지도"

- 사람들은 이런 작은 스토리에 마음을 줍니다.

**④ 마지막 3초에 '당신을 위한 한마디' 넣기**

- 사람을 움직이는 건 광고 문구가 아니라 따뜻한 마지막 한 문장이에요.
- "오늘의 나에게 선물 하나 주세요."
- "우리 아이와의 하루, 더 특별하게 만들어 보세요."
- "당신의 일상에도 이 작은 변화, 어울리지 않나요?"
- 이 한마디가 구매 버튼을 누르게 합니다.

## ▷ 스토리텔링 사례

**① 반려동물 간식**

- 영상 시작: "퇴근하면 맨 먼저 달려오는 가족, 누구일까요?"
- 장면: 강아지 뛰어오고, 간식 주며 미소 짓는 보호자.
- 마무리: "이 작은 간식이 우리 하루를 연결해 줘요."

**② 주방용품**

- "10분만 나에게 주면, 이 커피 한 잔이 하루를 버티게 해줘요."

**③ 뷰티 제품**

- "아침에 자신감이 올라가면 그날 하루가 달라집니다."
- 이런 식으로 '감정'과 '의미'가 담긴 문장을 넣으면 사람들은

'아, 나도 저렇게 되고 싶다' 하고 구매합니다.

**마무리**

숏폼은 짧지만 강합니다. 하지만 강하게 만드는 힘은 화려한 편집이 아니라 의미를 설계하는 것입니다. 상품을 보여주지 말고, 상품을 썼을 때 더 좋아진 나의 모습을 보여주세요. 그 순간 사람들은 느낍니다. '이건 그냥 물건이 아니라, 나를 위한 이야기구나.' 그리고 조용히, 구매 버튼을 누르게 됩니다.

# 스토리로 '더 멋진 나' 욕망을 자극한다

시장에서 상인이 "이 고추는 우리 밭에서 직접 말렸어요. 이걸로 김치를 담그면 손맛이 살아나요!"라고 말한다면? 사람들은 단순한 상품 설명이 아닌, 고추를 사용한 후의 '나의 이미지'를 상상하게 되죠. '내가 이걸로 요리하면 가족이 맛있다며 좋아하겠지?'라는 상상. 영상 스토리텔링은 바로 이 상인의 말에 영상과 감성을 더한 것입니다.

사람들은 더 이상 '물건'을 사지 않습니다. 사람들은 '변화된 나'를 삽니다. 단순히 옷을 사는 게 아니라, 그 옷을 입고 거울을 보며 '오늘 나 좀 괜찮은데?' 하고 느끼는 순간을 사는 거죠. 이처럼 e-커머스 시대, 고객이 진짜 원하는 건 '제품'이 아니라 '내가 바뀌는 경험'입니다. 그리고 이 욕망을 가장 잘 끌어내는 도구가 바로 스토리텔링 영상입니다.

요즘 소비자들은 단순히 "이 제품은 성능이 매우 좋아요"라는 말에 끌리지 않습니다. 그보단 '이 제품을 사용한 후 자신이 어떻게 변하는지'를 직접 보고 싶어 하죠. 영상은 이 과정을 직관적으로 보여줄 수 있는 최고의 수단입니다.

## ▷ 영상이 스토리텔링에 강한 이유

- 움직임이 있는 이야기로, 사용 전후의 차이를 눈에 띄게 보여줄 수 있어요.
- 제품 자체가 아니라 그걸 사용한 후의 '나의 이미지'를 파는 데 효과적이에요.
- 틱톡, 인스타그램 릴스 같은 플랫폼은 짧고 임팩트 있는 스토리를 좋아해요.

스토리텔링과 관련된 한 사례를 살펴보겠습니다. 뷰티 유튜버 포니는 단순한 제품 설명이 아닌, 변신하는 자신을 영상에 담았습니다. 메이크업 전후를 명확히 보여주고, 스타일리시하게 변한 모습으로 소비자에게 강한 인상을 남겼죠. 이후 그녀는 'PONY EFFECT' 브랜드를 런칭했고, 브랜드 영상도 같은 전략을 사용했습니다. 제품 하나만으로 '나도 포니처럼 변할 수 있어'라는 메시지를 전해주며, 고객이 단순한 립스틱이 아니라 '새로운 나'라는 이미지를 사게 하였죠. 포니는 영상 시작에 꼭 'Before & After' 장면을 넣고, 변화된 모습에 대한 반응(친구, 거울, SNS)을 보여주었습니다.

## ▷ 스토리를 어떻게 영상에 담을까?

스토리텔링 영상을 제작할 때 다음 5가지를 꼭 기억하세요.

① **변신 장면 보여주기**

- 예: 평범한 방 → 조명, 소품, 배치로 분위기 확 바뀌는 장면
- "내가 가진 공간이 달라졌어요."

② **보여지는 순간 강조**

- 예: 친구가 "와, 이 가방 어디 거야?"라고 묻는 장면
- "이 가방 덕분에 주목받는 나."

③ **짧고 빠르게**

- 사람들은 시간이 길어지면 스킵합니다.
- 첫 3초에 임팩트를 주세요.

④ **'내가 된 듯한' 느낌 주기**

- 직접 말하지 말고, 보여주세요.
- 예: 모델이 거울을 보며 "나 오늘 좀 다르지?" 하며 웃는 장면
- 시청자가 '나도 저렇게 될 수 있다'고 느낄 수 있게 해주세요.

⑤ **한정성과 희소성 부여**

- 예: "이번 시즌 한정 컬러", "장인이 만든 에디션", "이건 특별하고 나만 가질 수 있어."

### ··· 마무리 ···

이제 마케팅은 기능 설명으로 끝나지 않습니다. '이걸 사면 나에게 어떤 변화가 생기는가?', '내가 어떻게 보이고 어떤 기분을 느끼게 될까?' 이를 영상으로 보여줄 수 있어야 합니다. 제품을 판다는 건, 결국 고객의 일상을 조금 더 특별하게 바꾸는 일입니다. 그러니 이제는 제품 설명 대신, '이걸로 내가 어떤 사람이 되는지' 보여주는 스토리 영상을 만드세요. 그게 진짜 팔리는 콘텐츠입니다.

# 사람은 '정서적 유대'를 산다

예전엔 물건을 살 때 "이게 얼마나 튼튼해요?", "어떤 기능이 있어요?"와 같은 질문을 했죠. 그런데 요즘 사람들은 기능만 보고 사지 않습니다. 그보다 '내 마음을 건드렸느냐'가 더 중요합니다. 두 사람이 똑같은 강아지용 수건을 파는 상황을 가정해 봅시다.

- A: "흡수력이 좋습니다."
- B: "추운 날 밖에서 떨던 우리 아이를 따뜻하게 감싸줬어요."

둘 중 어떤 게 더 마음에 와 닿나요? 많은 사람들이 B의 말을 듣고 수건을 샀습니다. 실제로 3배 이상 더 팔렸어요. 왜일까요? 사람은 기능이 아니라, 감정, 정서적 유대를 사기 때문입니다.

정서적 유대(Emotional Bond)는 쉽게 말해, 물건이나 서비스에 감정이 묻어나는 것이에요. 그냥 평범한 컵도, 손녀가 생일 선물로 준 컵이라면 아침마다 웃음 짓게 되죠. 이럴 땐 버릴 수가 없습니다. 그 물건에 감정이 붙은 거예요.

상품은 원래 도구일 뿐입니다. 하지만 여기에 사랑, 두려움, 자존심,

평안 같은 감정이 붙으면, 그건 단순한 물건이 아니라 '내 마음을 움직인 존재'가 돼요. 그때 사람들은 구매를 결정합니다.

## ▷ 감정이 구매를 일으키는 이유

첫째, 감정은 '즉시' 행동하게 합니다. 스마트폰에서 짧은 영상(숏폼)을 보다 보면 눈물이 찔끔 나거나, 웃음이 빵 터지거나 할 때가 있죠? 그 순간 바로 링크를 누르고 사고 싶어지는 게 사람 마음입니다. 영상 편집이 아무리 멋져도 감정이 없다면 소용없어요. 사람은 '찡한 한순간'에 반응합니다.

둘째, 감정은 오래 남습니다. 제품의 기능은 곧 잊힙니다. 하지만 '그때 내가 느낀 마음'은 오래 기억돼요. 예를 들어, 모기 퇴치기를 샀다고 가정해 봅시다. 퇴치기의 기능보다, '우리 아이가 물릴까 봐 걱정했던 엄마 마음'이 더 오래 기억에 남습니다.

셋째, 감정은 비교를 멈추게 합니다. 비슷한 제품이 여러 개 있어도, '이건 우리 가족한테 딱이야'라는 느낌이 들면 다른 걸 비교하지 않게 돼요. 감정이 붙은 제품은 나에게 '단 하나'의 선택이 됩니다.

## ▷ 감정을 자극하는 요소 6가지

어떻게 하면 제품에 감정을 붙일 수 있을까요? 다양한 방법이 있지만, 대표적으로 6가지 감정이 있습니다. 실제 사례와 함께 알아볼게요.

**① 사랑: 내가 아끼는 존재를 위해**

- 가장 강력한 감정입니다. 자녀, 반려동물, 부모님을 위한 구매는 대부분 이 감정 때문입니다.
- 반려동물 영양제 광고에서 "말 못 하는 아이가 아픈 게 제일 무서웠어요. 그래서 이건 꼭 챙겨요"라는 한 문장 덕분에 매출이 2~3배 뛰었습니다.

**② 두려움: 놓치면 생길 불편과 위험**

- 과한 공포는 역효과가 발생하지만, '지켜야 할 것'을 강조하면 마음이 움직입니다.
- 차량용 공기청정기 광고에서 "아이와 타는 차 안, 미세먼지 수치를 보고 깜짝 놀랐어요"라는 한 문장은 어떤 기능 설명보다 더 강력한 구매 이유가 됩니다.

**③ 자존심과 자만심: 나는 이런 사람이에요**

- 내가 얼마나 똑똑하고 센스 있는 사람인지 보여주고 싶다는 마음, SNS 시대에는 이런 감정이 제품 선택을 좌우합니다.
- 텀블러 광고에서 "환경을 생각하는 센스 있는 사람, 그게 나예요"라는 한 문장은 사람들의 자존심을 건드려 구매로 이어지게끔 합니다.

**④ 평안: 내 하루가 편안해지는 것**

- 바쁜 하루 끝에, 편안한 느낌은 아주 큰 가치가 됩니다.
- 수면 조명 광고에서 "이 빛 덕분에 하루의 소란이 사라져요"

라는 한 문장은 감정적인 위로로 사람들의 마음을 움직입니다.

⑤ **자유: 가볍고, 간편하고, 부담 없는 느낌**

- 사람들은 점점 복잡한 것보다 간단하고 자유로운 것을 좋아합니다.
- 휴대용 선풍기 광고에서 "무거운 거 들고 다니지 마세요. 손이 자유로워지면 여름이 달라져요"라는 한 문장은 자유라는 감정을 소비로 이어지게 했습니다.

⑥ **욕망: 더 멋진 나를 만들고 싶은 마음**

- 누구나 현재보다 조금 더 나아지고 싶어 하죠. 그게 바로 욕망입니다.
- 스킨케어 제품 광고에서 "오늘보다 더 빛나는 나를 만들고 있어요"라는 한 문장 덕분에 고객은 '더 나은 나'를 상상하게 됩니다.

가장 중요한 건, 감정을 의미로 만드는 것입니다. 그냥 "이 제품 좋아요"가 아니라, "이 제품은 내 가족을 지키는 작은 선택이에요"처럼 말이죠.

- 사랑 → "우리 가족을 지키는 작은 선택"
- 평안 → "내 하루를 다독여주는 루틴"
- 자존심 → "센스 있는 사람의 작은 디테일"

이런 식으로 감정을 메시지로 정리해 줘야 사람이 마음을 열고, 결국 지갑도 엽니다.

## ▷ 숏폼에서 감정을 넣는 구성 3단계

**① 오프닝: 감정을 먼저 던진다**

- "엄마 마음은 늘 걱정이에요."
- "이렇게까지 사랑받고 싶나요?"
- "하루 10분의 평안, 당신도 필요하죠?"

**② 장면 구성: 감정 → 상황 → 제품 순서로 풀어낸다**

- 제품이 먼저 나오면 광고 느낌이 납니다.
- 감정으로 시작해야 사람의 마음이 열립니다.

**③ 클로징: 감정을 기반으로 한 줄 구매 유도(CTA)**

- "당신의 하루도 조금 더 편안해지길."
- "내가 사랑하는 사람을 위해 선택하세요."

**··· 마무리 ···**

우리는 더 이상 기능 좋은 물건만으로는 사람을 설득할 수 없습니다. 이제는 감정이 먼저고, 그 감정을 통해 의미가 만들어져야 합니다. 이게 지금 시대의 쇼핑 공식이에요. 가장 중요한 메시지는 '상품에 감정을 붙이면, 사람의 마음이 움직이고 지갑이 열린다'입니다.

# 코미디 극작이 알려주는 숏폼 대본의 구성

"요즘 사람들, 웃기면 다 사요."

이 말은 농담 같지만 진심입니다. 틱톡, 인스타그램 릴스, 유튜브 쇼츠… 어디서든 사람들은 '웃음'으로 관심을 멈추고, 그 순간에 브랜드가 나오죠. 그런데 그냥 웃기는 건 아무 의미가 없습니다. 재미있는데 사고 싶다는 것, 이게 숏폼 커머스의 목표예요.

지금부터 코미디 작가들이 쓰는 웃음의 비밀 7가지를 가지고, 어떻게 하면 숏폼 영상에서 '구매를 유도하는 웃음'을 만들 수 있는지 살펴보겠습니다.

## ▷ 기대 뒤집기: '이럴 줄 몰랐지'의 반전

코미디의 핵심은 '기대'와 '뒤집기'입니다. 보는 사람이 예상한 길을 가다가 "뭐야?" 하고 그 기대가 어긋나는 순간에 웃음이 터집니다. 예를 들어보겠습니다.

- 반려견 간식 광고 중 "오늘은 콩이 간식만 준비했어요!"
- 화면이 전환되며 아빠가 몰래 그걸 먹고 있는 장면
- "아빠, 이거 강아지 건데요?", "사람이 먹어도 맛있잖아!"
- 그 모습을 보면 웃음도 나고, '맛있겠다'는 생각도 들죠.

이렇게 사람들의의 예상을 깨는 순간, 제품이 기억에 남습니다.

## ▷ 타이밍: 0.5초가 웃음을 살린다

코미디에서 가장 중요한 건 리듬이에요. 같은 대사라도 0.5초 빠르거나 느리면 터지지 않아요. 숏폼도 마찬가지예요. 3초 안에 무슨 얘기인지를 전달하고, 7초쯤에 '빵!' 터지는 포인트를 넣어야 합니다. 예를 들어보겠습니다.

- GS25 숏폼 중 "퇴근 후 맥주 한 캔 vs 집 도착 전 두 캔"
- 짧은 리듬으로 템포가 빠르니까 지루할 틈이 없습니다.

'리듬 있는 편집 = 유머 리듬 = 구매 리듬'입니다.

## ▷ 공감 코드: 나도 저랬어

사람들은 낯선 이야기보다 자기도 경험한 이야기에 공감하며 웃습니다. 예를 들어보겠습니다.

- 다이어트 간식 광고 중 "오늘은 야식 안 먹는다!"
- 3초 뒤 냉장고 앞에서 "그냥 냄새만…" 하는 장면
- 누구나 한 번쯤 경험했을 법한 공감형 유머를 통해, 단순한 웃음을 넘어, '나랑 비슷하네'라는 친근감을 줍니다.

공감이 곧 신뢰, 신뢰가 곧 구매입니다.

## ▷ 과장과 축소: 현실보다 살짝 더 세게

코미디 작가들은 현실을 '10%만 과장'합니다. 그 10%의 차이가 재미의 핵심이에요.

- "택배를 기다리다 초인종이 울리자마자 현관 쪽으로 날아가는 고객"
- "커피 떨어졌다고 허둥대는 직장인"

살짝 과장된 표현은 시청자가 '나도 저랬어'라며 웃음 짓게 합니다. 진지하면 광고, 과하면 코미디, 딱 그 사이가 숏폼입니다.

### ▷ 캐릭터 반복: 저 사람 또 나왔네

유머는 한 번보다 여러 번 봐야 더 웃겨요. 그래서 코미디에는 '반복 캐릭터'가 많죠. 숏폼에서도 같은 캐릭터를 시리즈로 등장시키면 팬이 생깁니다.

틱톡 스타, 아무 말도 안 하고 '무표정 리액션'만 반복하죠. 그 단순함이 브랜드 협찬까지 이어졌습니다. '반복되는 익숙함'이 곧 믿음의 시작입니다.

### ▷ 아이러니: 말과 행동이 어긋날 때 웃긴다

코미디에서 '자기모순'은 최강의 무기예요. "나 진짜 안 산다!" 하면서 이미 결제창에 손가락을 올려놓은 장면, 그게 바로 아이러니입니다. 요즘 MZ세대는 이런 '솔직한 모순'을 좋아해요. "안 사려다가 또 샀네"와 같은 댓글 유행어처럼요. 코미디는 소비자의 모순된 감정까지 대본에 담습니다.

### ▷ 마지막 1초의 '웃음 후킹'

코미디는 마지막 한 방으로 기억에 남습니다. 숏폼에선 그 마지막이 바로 '클릭 버튼'이죠. "다이어트 과자? 근데 이건 맛있어서 망했네!"와 같은 말은 웃기면서, 그 맛이 궁금해서 클릭하게 됩니다. 웃음의 여운이 구매 전환으로 이어집니다. 사랑해펫의 '닭가슴살 당근스틱' 영상 사례를 살펴보겠습니다.

- 장면 1: "오늘은 콩이 간식 시간~"
- 장면 2: 아빠가 슬쩍 한입 먹는 장면
- 장면 3: "아빠 그거 강아지 건데요?"
- 장면 4: "근데… 맛있는데?"
- 결과: 댓글엔 "저도 한입 먹어볼까요", "이 광고 진짜 재밌다!"
- 반응 폭발. 유튜브 조회수 상승 + 검색량 1.8배 증가!

**··· 마무리 ···**

코미디 작가는 결국 '공감의 기술자'입니다. 사람이 웃는다는 건, 같이 느꼈다는 뜻이니까요. 숏폼 커머스의 시대, 제품을 파는 게 아니라 웃음을 공유하는 브랜드가 살아남습니다. 사람을 웃기면, 알고리즘이 알아서 제품을 팔아줍니다.

# 영상을 볼 때는 '계획구매' 아니라 '충동구매'

온라인 쇼핑에는 두 가지가 있습니다. 계획구매와 충동구매. 계획구매는 사야 할 것을 먼저 떠올리고 사는 것, 충동구매는 보자마자 사고 싶어지는 것입니다. 그런데 숏폼 영상이나 SNS 콘텐츠는 대부분 '살 생각이 1도 없을 때' 소비됩니다. 예를 들어, 인스타그램을 보다가 '강아지가 목욕 타올에 싸여 안기는 귀여운 영상'을 봤을 경우, 처음엔 단순한 구경이었지만, "이거 어디서 사나요?"라는 댓글을 남깁니다.

사람들은 강아지 용품을 찾으러 온 게 아닙니다. 그저 영상 안의 강아지가 귀여워서 강아지가 사용한 용품을 당장 사고 싶어진 것이죠. 이게 바로 숏폼 커머스의 본질입니다. 영상 커머스는 계획구매가 아니라, 이러한 충동구매에 기반을 두고 있습니다.

## ▷ 충동구매의 메커니즘

### ① 감정이 먼저, 이성은 나중

- 웃음 터졌을 때

- 귀여움이 폭발할 때
- 깔끔하게 정리되는 걸 봤을 때
- 피부가 반짝이는 걸 봤을 때

사람들은 기획 영상을 보다가 위와 같은 순간에 반응합니다. 이런 감정의 순간이 바로 지갑을 여는 순간입니다. 정보는 느리지만, 감정은 빠릅니다. 충동구매는 감정이 결정합니다.

### ② 비교하지 않는다, 그냥 사고 싶어진다

- "어? 이거 필요해 보여."
- "너무 귀엽다."
- "나도 해보고 싶다!"

계획구매는 이성적으로 비교합니다. 가격, 리뷰, 사양 모두 따지죠. 하지만 충동구매는 다릅니다. 이 순간, 비교는 무의미해집니다. 감정이 먼저 반응하면 이성은 따라오지 않습니다.

### ③ 짧은 자극 + 빠른 전환이 핵심

- 충동구매는 시간이 생명
- '느낌 → 행동'까지의 거리가 짧을수록 전환율 상승

자극을 받았을 때 바로 구매로 이어질 수 있도록 구매 버튼도 눈앞에, 자연스럽게 보여야 합니다.

## ▷ 충동구매를 만드는 스토리텔링 5가지

### ① 첫 1~3초, 감정을 강하게 흔든다

- 처음 몇 초에 시선을 잡지 못하면 끝입니다. 이 시점에서 감정을 흔드는 한마디가 필요해요.
- "이거 하나로 아침이 살아나요", "우리 강아지 이거 보면 미쳐 날뛰어요."
- 이런 문장은 시선을 멈추고, 감정을 움직입니다. 그게 바로 충동의 시작입니다.

### ② 기능 말고 '결과'를 먼저 보여준다

- 더 이상 단순한 기능 설명은 통하지 않습니다. 사람들이 진짜 궁금한 건 사용하고 나서 어떻게 바뀌는가예요.
- 정리 전후
- 피부 Before·After
- 아이가 좋아하는 반응
- 반려동물의 귀여운 반응
- '와, 나도 저렇게 되고 싶다'는 부러움과 욕망이 충동구매의 핵심 감정입니다.

### ③ 해결의 순간을 '쾌감'으로 보여준다

- 충동구매는 기분으로 하는 소비입니다. 그래서 영상엔 즉시 쾌감을 주는 장면이 들어가야 합니다.
- 물때가 싹 닦이는 장면

- 머릿결이 반짝이는 장면
- 간식 받고 날뛰는 강아지
- 뿌듯하게 정리된 공간
- '와… 나도 저거 사용하고 싶다'는 감정을 만들어야 손가락이 구매 버튼으로 갑니다.

**④ 빠른 속도 + 짧은 문장 + 타격감 있는 사운드**

- 충동구매 영상은 지루하면 안 됩니다.
- 템포는 빠르게
- 텍스트는 짧게
- 컷은 명확하게
- 소리는 감정을 자극하게
- 예: "3초 컷 정리", "한 번에 끝", "이 맛에 씁니다."
- 보는 순간 바로 이해되고, 느껴져야 지갑이 열립니다.

**⑤ 마지막 2~3초, 자연스럽게 행동 유도**

- "지금 구매하세요!"라는 말은 사람들이 거부감을 느낍니다. 대신 감정이 올라온 상태에서 자연스럽게 구매를 유도하는 문구가 필요합니다.
- 예: "지금 이 기분, 당신도 느껴보세요.", "우리 아이 오늘도 행복하게 해주세요.", "이거 하나면 진짜 편해져요."
- 감정이 끝나지 않은 상태에서 행동을 유도해야 전환율이 높아집니다.

### ··· 마무리 ···

사람들은 온라인에서 '지금 당장 갖고 싶다'는 감정 하나로 구매합니다. 성공하는 영상 커머스는 감정으로 시작하고, 결과로 설득하고, 쾌감으로 감정을 터뜨리고, 자연스러운 한마디로 행동을 유도합니다. 영상의 목적은 설득이 아닙니다. 지금 당장 사고 싶게 만드는 감정 만들기입니다.

# IV

# AI로 나만의 스마트 상점 운영

REC

# AI로
# 나만의 스마트 상점 만들기

"요즘은 장사도 기계가 대신해 준다더라?"

이런 말, 다들 한 번쯤 들어보셨죠? 정말입니다. 이제는 가게 홍보, 손님 응대, 계산까지 AI(인공지능)가 척척 도와주는 시대예요. 예전엔 시장에 좌판 깔고 손님을 불러야 했지만, 지금은 '온라인 시장'에서 AI가 우리 대신 소리치고 팔아주는 세상입니다. 지금부터 콩이의 간식을 파는 상점을 사례로, 누구나 따라 할 수 있는 'AI 스마트 상점 운영법'을 5단계로 나누어 살펴보겠습니다.

## ▷ AI로 스마트 상점 운영 5단계

첫째, AI가 상점 간판입니다. 예전엔 시장에서 장사하려면 자리부터 얻어야 했죠. 지금은 인터넷 속에 가게 자리(상점)를 만들면 됩니다. 예를 들어, 스마트스토어, 쿠팡, 카카오톡 스토어 같은 플랫폼이 있어요.

인터넷을 잘 몰라서 어렵다고 하실 수 있지만, 걱정하지 마세요. AI가 대신 글도 써주고, 그림도 만들어 줍니다! 예를 들어, ChatGPT 같은 AI에게 이렇게 물어보세요.

"강아지 간식 파는 상점에 쓸 소개 문구 좀 써줘."

그러면 AI는 다음과 같이 멋지게 써줍니다.

"콩이의 행복한 한입. 사랑하는 반려견에게 건강한 천연 간식을 선물하세요."

또한, Canva AI나 Adobe Firefly 같은 디자인 도구에 "강아지가 간식을 먹는 따뜻한 장면을 그려줘"라고 하면, 포스터 그림까지 척척 완성! 시장 간판, 전단지를 AI가 다 해주는 느낌이에요.

둘째, AI가 손님을 불러주고 응대합니다. 시장에선 "이리 오세요~ 오늘 신선해요"라고 소리쳐야 했죠. 이제는 그 역할을 영상이 합니다. 15초 숏폼 영상 하나만 잘 만들어도 수천 명이 보는 시대입니다. 게다가 AI가 영상도 만들어 주고, 언제 올리면 좋은지도 알려줘요.

- 틱톡 AI 도구: "반려견 영상은 오후 8시에 올리면 좋아요."
- ChatGPT 플러그인: "이번 주 인기 해시태그는 #강아지간식 #건강간식이에요."

또한, 손님이 댓글로 "이거 유통기한은 어떻게 되나요?"라고 물어보면 AI가 대신 답해줍니다: "안녕하세요. 콩이 간식은 냉장 보관 시 2주까지 신선하게 드실 수 있어요!" AI가 말까지 대신해 주니, 말주변 없어도 장사 걱정 없습니다!

셋째, AI가 계산과 재고도 관리해 줍니다. 예전엔 팔고 남은 물건을 직접 손으로 세어봐야 했지만, 지금은 AI가 자동으로 계산하고 알려줍니다. 예를 들어, 스마트스토어 관리자 페이지나 Shopify AI 같은 곳을 보면 이런 정보가 나와요.

- 인기 상품: 닭가슴살 간식
- 재고 부족: 오리 간식 5개 남음
- 예상 매출: 전주 대비 +18% 상승

게다가 AI는 날씨까지 보고 예측합니다. "비 오는 날엔 간식 주문이 27% 늘어납니다." 이 정도면 가게 안에 똑똑한 점원이 하나 생긴 거나 다름없어요.

넷째, AI가 장부까지 작성해 줍니다. 예전엔 공책에 "오늘 세 봉지 팔았음"이라고 적으셨죠? 지금은 AI가 알아서 장부 정리까지 해줍니다. Google Sheets + ChatGPT, Excel Copilot, Notion AI 같은 도구를 쓰면 됩니다.

- "이번 달에 어떤 상품이 제일 잘 팔렸는지 표로 보여줘."
- "이번 주 매출 추이를 그래프로 만들어 줘."

이렇게 물어보기만 하면, 예쁜 표와 그래프로 뚝딱 만들어 줍니다.

- 닭가슴살 간식: 45%
- 오리 간식: 30%

- 기타: 25%

월급도 필요 없는 AI라는 이름의 알바생이 복잡한 장부 정리도 대신 해 줍니다.

다섯째, AI가 세계 시장과도 연결해 줍니다. 우리 콩이 간식, 외국에도 팔 수 있을까요? 그럼요! 이제 AI 번역 도구가 자동으로 한국어를 외국어로 바꿔줍니다. 예를 들어보겠습니다.

- "〈콩이의 건강한 하루〉를 영어로 번역해 줘."
- "Healthy treats for your lovely dog, KONGI!"

DeepL, ChatGPT 번역 기능, Google Translate AI 등을 활용하면 영어, 일본어, 스페인어 등 세계 어디든 손님을 맞이할 수 있어요. 시장에 통역사 알바를 둔 것처럼, 이젠 AI가 해외 손님도 알아서 챙겨줍니다.

**··· 마무리 ···**

AI라고 하면 어려운 기계처럼 들리지만, 실은 시장에서 손을 빌려주는 친구입니다. 간판을 만들어 주고, 손님을 불러주고, 계산도 하고, 장부 정리도 하고, 외국어로 번역도 해줍니다. 이제는 '무엇을 팔고 싶은지', '어떤 마음을 담고 싶은지'만 결정하세요. 그 나머지는 AI가 도와줍니다. 진심이 담긴 상품은, AI가 더 멀리 퍼뜨려 줍니다.

# AI가 상품 홍보해 주고 성과 분석까지

"영상은 만들었는데, 그다음엔 뭘 해야 해요?"

요즘 소상공인이나 1인 사업자분들께 가장 많이 듣는 질문입니다. 예쁜 광고 영상 하나가 밥을 먹여주진 않죠. 진짜 중요한 건 '그 영상이 어떻게 퍼지느냐'입니다. 다행히 요즘은 홍보도 AI가 도와주는 시대입니다. 옛날엔 전단지 뿌리고 신문에 광고를 내야 했지만, 이제는 AI가 우리 손님을 찾아가서 "이거 봐주세요~" 하고 문을 두드려 줍니다. 그 마법 같은 홍보 전략을 지금부터 5단계로 아주 쉽게 설명해 드리겠습니다.

## ▷ AI의 홍보 전략 수행 5단계

첫째, 고객의 관심사로 파악해요. 가게 앞에 현수막을 걸어두면 알아서 손님이 오던 시대는 지났습니다. 지금은 손님들이 유튜브, 틱톡, 인스타그램, 네이버 쇼핑에 있어요. 그렇다면 중요한 건 이거죠. '내 고객은 지금 어디서 뭘 보고 있을까?' 이 질문에 답해주는 게 바로 AI 도구입니다.

예를 들어, ChatGPT, Google Trends, 네이버 데이터랩 같은 곳에 "강아지 간식에 관심 있는 사람들은 어떤 키워드를 검색하나요?"라고 물어보세요. 그러면 이런 답을 들을 수 있어요.

- "강아지 건강 간식"
- "저알러지 간식"
- "치석 제거 간식"

이 키워드만 잘 활용해도 영상 제목이나 자막이 훨씬 눈에 띕니다. 마치 장터에서 "요즘 밤이 잘 팔려요!" 하는 소리를 미리 듣는 거죠.

둘째, 영상도 고객 맞춤형으로 바꿔줘요. 같은 영상이라도 보여주는 방식에 따라 효과가 달라집니다. 예를 들어, '콩이 간식 광고' 영상 하나가 있다고 해볼게요. AI는 자동으로 다음과 같이 바꿔줍니다.

| 플랫폼 | 길이 | 스타일 | AI 도구 기능 |
|---|---|---|---|
| TikTok | 15초 | 빠르고 유쾌하게 | 짧은 비트 음악, 자동 자막 |
| 인스타그램 릴스 | 30초 | 감성적이고 따뜻하게 | 색감 조정, 잔잔한 음악 |
| 유튜브 쇼츠 | 45초 | 설명 중심으로 | 내레이션 추가, 정보 강조 |

이 작업을 도와주는 AI 도구는 CapCut AI, Runway, Descript 등입니다. "이 영상 틱톡용으로 바꿔줘"라는 말 한마디면 비율, 길이, 음악까

지 자동 세팅 완료! 같은 반찬도 접시에 담느냐, 도시락통에 담느냐에 따라 손님 반응이 다르듯, 영상도 플랫폼 맞춤형으로 담아야 더 많은 손님 눈에 띄어요.

셋째, 이제 홍보 멘트도 AI가 대신 써줘요. 영상은 만들었고, 플랫폼 맞춤으로 포장도 끝났습니다. 이제 올릴 차례인데, 영상에는 제목과 해시태그가 꼭 필요하죠. 이 문구 하나 때문에 클릭이 될 수도, 안 될 수도 있어요. 그럴 때도 AI가 문장과 해시태그를 추천해 줍니다.

예를 들어, ChatGPT에게 "강아지 간식 영상에 어울리는 따뜻한 문장 3개만 써줘"라고 말하면 다음과 같이 예쁘고 감성적인 문장이 나옵니다.

- "우리 콩이, 간식 한입에 행복이 뚝뚝"
- "건강하게, 사랑스럽게, 오늘도 콩이 간식 타임"
- "강아지 치석 고민 끝! 콩이도 반한 천연 간식 등장"

게다가 AI는 요즘 인기 있는 해시태그도 알려줍니다.

- #강아지간식
- #반려견건강식
- #치석제거간식
- #애견용품추천

전단지 문구를 광고 전문가가 대신 써주는 것과 똑같죠.

넷째, AI가 결과도 분석해 줘요. 영상이 올라간 후에는 궁금하죠?

- 누가 봤을까?
- 언제 조회수가 높았을까?
- 이걸 본 사람들이 실제로 샀을까?

요즘은 틱톡, 인스타그램, 유튜브 모두 AI 기반 분석 기능을 제공합니다. 대시보드에 들어가면 이런 정보가 나옵니다.

- 시청자 연령: 20~40대 여성 72%
- 시청 완료율: 85%
- 가장 반응 좋은 시간대: 오후 8시
- 클릭 후 구매 전환율: 4.7%

이 숫자들은 언제, 어떤 사람이, 어떤 포인트에 반응했는지 알려주는 지도예요. 다음 영상은 이 데이터를 참고해서 더 똑똑하게 만들면 됩니다. AI가 '우리 가게 홍보 시간표'까지 짜주는 셈이죠.

다섯째, AI가 돈 안 들이고 홍보를 해줘요. 이 전략의 진짜 매력은 비용 절감입니다. 예전엔 광고 영상 하나 찍으려면 수백만 원이 들었지만, 지금은 AI 도구로 간단하게 영상 제작이 가능합니다.

실제 사례로, 한 애견용품 브랜드는 AI로 10초짜리 영상 3개를 만들어 틱톡에 올렸어요. 결과는 어땠을까요? 모든 게 무료 AI 도구로 이뤄져 제작비는 0원이지만, 조회수는 45만 회에 팔로워는 3,000명이 증가했습니다. 제품 판매량은 전월 대비 210% 상승했습니다.

**··· 마무리 ···**

AI 숏폼 마케팅은 절대 어려운 기술이 아닙니다. 이제는 '내가 손으로 다 하지 않아도 되는 시대'입니다. 말 한마디면 영상이 나오고, 영상이 돈을 벌어줍니다. 정말로 AI는 이제 우리 가게의 월급 없는, 24시간 똑똑한 직원이에요. 이런 24시간 직원 하나 두는 것, 이제는 선택이 아니라 생존 전략입니다.

# 좋은 브랜드 이름은 콘셉트가 만든다

"회사 이름 지어줘, 브랜드 네임 추천해 줘."

많은 사람들이 AI에게 네이밍을 부탁할 때 이렇게 말합니다. 하지만 이건 마치 할머니에게 "시장에 가서 생선 아무거나 사다 주세요"라고 말하는 것과 똑같아요. 그러면 할머니는 구이용인지 찌개용인지, 큰 걸 원하는지 작은 걸 원하는지 알 수 없어서 '그냥 무난한 생선'을 사올 수밖에 없죠. AI도 똑같습니다. 맥락 없이 요청하면 그럴듯해 보이지만 평범한 단어 조합을 만들어 낼 수밖에 없어요.

- "건강식품 브랜드 이름 지어줘" → 평범하고 많이 본 단어들만 등장
- "2030 여성을 타깃으로, 맑고 건강한 이미지, 자연·잎사귀·간결한 발음" → 훨씬 감각적이고 정체성이 살아 있는 단어 생성

로고 프롬프트에서 '컬러·스타일·느낌'을 구체적으로 말해야 좋은 결과가 나오듯, AI 네이밍도 핵심은 '설명력'입니다.

## ▷ AI 네이밍에도 '설명력'이 중요한 이유

첫째, 이름은 이미지를 불러오는 장치입니다. 사람은 단어만 봐도 자동으로 이미지를 떠올립니다.

- 스프링(Spring) → 밝음, 탄력, 봄
- 코지(Cozy) → 따뜻함, 포근함

AI도 마찬가지예요. 우리가 원하던 감정과 이미지를 정확하게 전달해야 그 방향에 맞춰 단어를 고르고 조합합니다.

둘째, 이름은 '발음의 느낌'을 담아야 합니다. 브랜드 이름은 입에서 굴릴 때의 느낌이 굉장히 중요합니다.

- 코카콜라
- 토스
- 에이블리

이 브랜드들은 단순하고 리듬감이 좋기 때문에 쉽게 기억되고, 자연스럽게 공유됩니다. 그래서 AI에게 '부드러운 발음', '딱 끊어지는 느낌', '경쾌한 리듬' 같은 발음 정보를 꼭 알려줘야 합니다.

셋째, AI는 '당신이 구상한 콘셉트'를 모릅니다. AI는 단어 조합과 언어 패턴에는 매우 능숙하지만, 브랜드 철학, 목표 고객층, 톤&매너 같은 정보는 사용자가 제공하기 전까지 절대 모릅니다. 그래서 구체적인 설명이 없으면 건강식품인데 딱딱한 이름이 나오거나 20대 여성 브랜드인데 남성적 분위기 네임이 나오거나 프리미엄 이미지를 원했는데 캐주얼 이름이 나오는 등 반대 상황이 생겨버리죠. 결국 AI에게 브랜드 콘셉트를 입력해 주는 것이 네이밍의 절반입니다.

## ▷ AI 네이밍 프롬프트의 핵심 요소

**① 브랜드의 정체성·성격 설명**

- 감정적 언어가 네임의 방향성을 결정합니다.
- "상냥·편안·친구 같은 느낌"
- "혁신·테크·모던함"

**② 타깃 고객층 명확히 말하기**

- 타깃이 달라지면 이름의 분위기도 180도 달라집니다.
- 10대 → 발랄·재미
- 20대 여성 → 감성·트렌디
- 중년 남성 → 신뢰·안정

**③ 이름에서 떠올리게 하고 싶은 이미지**

- 자연, 클린, 속도, 귀여움, 신뢰감 같은 키워드들이 AI의 네이밍에 중요한 역할을 합니다.

④ **선호하는 발음 느낌 명시**

- 2~3음절
- 부드러운 모음 위주
- 경쾌한 리듬

위의 조건이 구체적일수록 결과물이 살아납니다.

⑤ **피해야 할 단어 및 느낌 제시**

- 이미 유명한 브랜드나 비슷한 이름을 제시하지 않도록 하기 위해서는 특히 중요한 부분입니다.
- 흔한 영어 단어
- 부정적 인상
- 발음 어려운 외래어
- 이것을 미리 말해주면 AI가 오류를 훨씬 줄일 수 있습니다.

⑥ **후보 개수·언어·스타일 정하기**

- "국문 5개 + 영문 5개"
- "합성어 스타일로"
- "귀여운 짧은 네임만"
- 이는 AI가 무엇을 '최종 산출물'로 내놓아야 하는지를 결정하는 파트입니다.

## ▷ 잘못된 프롬프트 vs 좋은 프롬프트 예시

### ① 잘못된 예시

- "건강식품 브랜드 이름 10개 추천해 줘."
- 당연히 밋밋한 이름만 나옵니다.

### ② 좋은 예시

- "20~30대 여성 고객층, 자연·맑음·클린 이미지를 떠올리게 하며, 두 글자 또는 세 글자, 발음이 부드럽고 SNS에서도 기억이 잘되는 건강식품 브랜드 이름을 국문 5개, 영문 5개 추천해 줘.
- '케어·바이오' 같은 흔한 단어는 피하고, 중복 브랜드는 제외해 줘."
- 이렇게만 요청해도 '브랜드 방향성 → 이미지 → 발음 → 고객층 → 금지 요소'가 정리된 상태이기 때문에 결과물이 확 달라집니다.

### ③ AI가 제안한 이름의 검증

- AI가 멋진 이름을 주더라도 마지막 확인은 사람이 해야 합니다. 다음 5가지 항목만 확인해도 실패 확률을 크게 줄일 수 있습니다.
- 기억하기 쉬운가?
- 검색했을 때 기존 브랜드와 충돌하지 않는가?
- 발음이 자연스럽고 공유하기 쉬운가?

- 브랜드 이미지와 일치하는가?
- 도메인·SNS 핸들이 확보 가능한가?
- 이 과정은 마치 새로 산 신발을 신어보고 발에 맞는지 확인하는 과정과 같습니다.

**마무리**

이제 네이밍은 감이 아니라 전략의 시대입니다. AI는 훌륭한 언어공학 도구지만, 방향성이 없으면 힘을 제대로 못 씁니다. 콘셉트의 설명력이 좋으면 AI는 전문가처럼 세련된 이름을 뽑아냅니다. 결국 핵심은 이 한 문장으로 정리됩니다. 좋은 이름은 AI가 만드는 게 아니라, 우리가 AI에게 '어떻게 설명하느냐'가 만듭니다.

# 좋은 로고도 콘셉트 설명력이 좌우

"AI한테 로고 만들라 했더니 왜 자꾸 이상하게 나오죠?", "왜 취향이 안 담기지?"

많은 분들이 AI로 로고를 만들려다 이렇게 실망하곤 해요. 하지만 문제는 AI가 아니라, 우리가 AI에게 제대로 말하지 않은 것입니다. AI는 생각을 읽지 못합니다. 우리가 어떤 브랜드인지, 어떤 느낌을 원하는지, 무엇을 피해야 하는지를 정확히 알려줘야만 제대로 된 결과를 줍니다.

## ▷ 좋은 로고의 시작은 '브랜드 설명'

"로고 만들어 줘"라는 말은 AI 입장에선 "우리 집 그려보세요. 단, 집에 대해선 아무 정보도 안 줄게요"라는 말로 들립니다. 그래서 먼저 꼭 말해줘야 할 세 가지가 있어요.

**① 브랜드 이름**

- 예: 사랑해펫

**② 무슨 일을 하는 브랜드인지**

- 예: 강아지 수제 간식을 파는 브랜드

**③ 브랜드의 감성·느낌**

- 예: 따뜻하고 순한 이미지, 반려견을 부드럽게 돌보는 느낌

그다음 원하는 로고 스타일을 구체적으로 알려줘야 합니다. 로고는 크게 두 가지 스타일로 나뉩니다.

- 글자 중심(타이포형)
- 그림 중심(심볼형)

좋아하는 스타일을 명확히 말하지 않으면, AI는 무작위로 뽑아내기 쉽습니다. 다음과 같이 원하는 글씨체, 구성, 색상까지 구체적으로 말해주면 AI가 한결 똑똑해져요.

- 강아지 간식 브랜드 '사랑해펫'
- 글자 중심 + 강아지 얼굴 아이콘 포함
- 둥글고 부드러운 글씨체
- 색상은 파스텔 오렌지 & 크림톤

반대로, 피해야 할 요소를 알려주면 AI는 "아~ 이런 건 빼야겠구나" 하고 더 정확히 작동합니다.

- "짜지 않게 해주세요"라고 말하면 음식 맛이 더 좋아지듯, AI에게도 원하지 않는 스타일을 알려주면 퀄리티가 올라갑니다.
- 너무 복잡한 그림은 NO
- 무서운 강아지 얼굴은 NO
- 색이 너무 많은 건 NO(2~3색 제한)

참고 이미지를 곁들이면 더 효과적입니다. 사진 한 장이 백 마디 설명보다 강력해요. "이런 스타일로 해줘!" 하면서 기존 로고나 참고 이미지 하나만 보여줘도 AI는 선 굵기, 분위기, 표정, 색감을 훨씬 잘 따라갑니다. "이 로고처럼 선이 얇고 귀여운 느낌으로 만들어 줘"라는 프롬프트와 함께 참고할 이미지를 곁들이면 거의 그대로의 감성이 나옵니다. 로고 프롬프트 예시를 살펴볼게요.

- 브랜드명: 사랑해펫
- 업종: 강아지 수제 간식 브랜드
- 브랜드 느낌: 따뜻하고 순하며 친근한 느낌, 강아지를 사랑으로 돌보는 이미지
- 로고 스타일
  - 글자 중심 디자인에 작은 강아지 얼굴 아이콘 포함
  - 둥근 글씨체, 심플하고 밝은 분위기
  - 파스텔 오렌지·크림색 계열

- 제외 조건
  - 너무 복잡한 그림 X
  - 강한 색 대비 X
  - 공격적인 표정의 강아지 그림 X

"전체적으로 따뜻하고 귀엽고 부드러운 로고로 만들어 줘"라고만 말해도 AI는 훨씬 일관성 있고, 브랜드에 맞는 로고를 만들어 줘요.

**··· 마무리 ···**

AI는 그림 실력이 부족한 게 아니에요. 우리가 설명을 제대로 못 하면 엉뚱한 감성으로 그려버리기 쉽습니다. 로고 제작에서 가장 중요한 건 프롬프트, 즉 설명력이에요. 누구보다 빠르고 정확한 AI의 힘을 제대로 쓰고 싶다면 디자인 감각보다 설명력이 먼저입니다.

# 코딩 몰라도 자사몰 사이트 제작 가능

온라인 쇼핑몰을 만들고 싶다는 마음은 굴뚝같은데, 막상 시작하려고 하면 코딩·서버·디자인 같은 단어들이 벽처럼 느껴질 것입니다. 그런데 이제는 AI가 쇼핑몰의 기본 뼈대를 자동으로 만들어 주는 시대입니다. 그 대표적인 도구가 바로 아임웹(imweb)의 AI 웹사이트 빌더예요. 복잡한 코딩이나 디자인 지식 없이 단 한 줄의 문장으로 자사몰을 만들어 주는 것이지요.

특히 소상공인이나 크리에이터처럼 '시간도 부족하고 전문가를 고용하기도 어려운 사람들'에게 아임웹 AI 빌더는 매우 유용합니다. 원하는 쇼핑몰의 콘셉트만 설명하면, AI가 메인 페이지, 메뉴 구성, 배너 디자인까지 자동으로 만들어 주니까요.

## ▷ 복잡한 코딩 없이 단 한 줄 문장으로

그냥 한 줄 문장만 입력했는데 쇼핑몰이 만들어진다? 아임웹 AI 빌더를 처음 써보면 제일 놀라는 부분이 바로 이거예요. 예를 들어, "강아지 간식 파는 따뜻하고 깔끔한 분위기의 쇼핑몰을 만들고 싶어요."라고 말하면, AI가 강아지 관련 이미지·색감, 메뉴 구성, 배너 문구, 상품 카테고리까지 자동으로 세팅해 줍니다. 직접 템플릿을 고르고, 메뉴를 만들고, 위치를 옮기고… 이런 과정이 거의 사라지는 거죠.

그리고 무엇보다 편한 건, 수정이 필요한 부분은 마우스로 끌어다 놓기만 하면 된다는 겁니다. 컴퓨터를 잘 다루지 못해도 누구나 할 수 있는 수준이에요. 게다가 한 번 만들면 PC·모바일에 자동으로 맞춰지는 반응형 디자인까지 제공되기 때문에, 디자인 전문가가 아니어도 화면이 예쁘게 나옵니다.

특히 아임웹의 AI 빌더는 구조가 아주 단순합니다. AI가 먼저 기본 틀을 완성해 놓고, 사용자는 그 위에 고치기만 하면 되는 방식이기 때문입니다. 과거에는 메뉴 하나 만들려면 '페이지 생성 → 레이아웃 선택 → 구성요소 추가' 같은 절차를 다 밟아야 했지만, 아임웹 AI 빌더에서는 기본 구성을 AI가 자동으로 깔아줍니다. 이 차이가 초보자 입장에서는 정말 큽니다.

## ▷ 아임웹 AI 빌더로 쇼핑몰 만드는 장점

아임웹 사이트에 회원 가입을 하고, 쇼핑몰의 콘셉트를 입력하면 됩니다. 이때 참고할 만한 웹사이트를 함께 입력하면 AI가 해당 사이트의 스타일을 학습해 더욱 정교한 결과물을 내놓습니다.

기본 뼈대가 만들어지면, 아임웹 디자인 모드를 이용하여 레이아웃과 디자인도 원하는 스타일로 수정할 수 있습니다. 문구 바꾸기 버튼을 누르면 바로 수정할 수 있고, 배너 이미지도 마우스로 끌어다 놓으면 됩니다. 상품 추가할 경우에도 사진 넣고, 가격 넣고, 설명 넣고, 옵션을 선택하면 그게 하나의 상품페이지가 됩니다.

결제 기능도 카카오페이나 네이버페이 같은 결제 시스템에 연동될 수 있습니다. 상품 등록, 결제, 주문 관리, 배송 연동, 고객 관리 등 운영 인프라와 연동되는 장점이 있습니다.

이 모든 과정을 합치면 '처음 쇼핑몰을 만들어 본 사람'도 몇 시간이면 기본 형태의 상점이 완성됩니다.

## ▷ 오픈 전 확인해야 할 5가지

어떤 쇼핑몰이든 오픈 전에 꼭 점검해야 할 부분이 있어요. 아임웹도 마찬가지입니다.

**① 모바일 화면 점검**

- 고객의 대부분은 스마트폰으로 들어오기 때문에, 버튼 위치·글씨 크기·상품 사진 비율을 꼭 확인해야 합니다.

**② 테스트 주문**

- 내가 직접 주문을 한 번 넣어봐야 흐름에 문제가 없는지 확인할 수 있어요. 1원이라도 결제해 보는 것을 추천해요.

③ **배송비 설정**

- 지역별 배송비 오류가 자주 발생하는 부분입니다. 꼭 꼼꼼히 확인해야 합니다.

④ **상품 상세페이지**

- 오타, 사진 오류, 잘못된 가격은 바로 매출 손실로 이어지므로 가장 신경 써야 해요.

⑤ **고객센터 연결**

- 전화번호, 카톡 상담 링크, 이메일 연결이 잘 되는지 테스트해 보세요.

이 다섯 가지만 제대로 하면 큰 사고 없이 쇼핑몰 오픈이 가능합니다.

··· **마무리** ···

예전엔 쇼핑몰을 하나 만들기 위해, 전문 업체에 맡기거나 개발자를 고용했어야 했습니다. 시간도 오래 걸리고 비용도 많이 들었죠. 하지만 아임웹 같은 AI 빌더를 쓰면 상황이 완전히 다릅니다. 생각만 말하면 쇼핑몰이 자동으로 만들어지고, 우리는 그 위에 원하는 것만 살짝 수정하면 됩니다. 소상공인, 크리에이터, 동네 가게 사장님, 온라인 판매를 처음 도전하는 누구든 '나도 내 쇼핑몰 하나 만들 수 있겠다'는 자신감을 주는 도구입니다.

# 자사몰 챗봇,
# 24시간 친절한 직원

"문의가 쌓이는데, 언제 다 답하지? 밤에도 일해야 하나…?"

온라인 쇼핑몰을 운영하다 보면 누구나 한 번쯤 이런 생각을 합니다. 손님은 밤 11시에 질문을 보내고, 새벽에도 배송 상태를 물어봅니다. 질문의 답은 이미 FAQ에 있는 내용이지만, 질문에 친절하게 응대해야 하지요. 그래서 요즘 많은 쇼핑몰이' AI 챗봇을 도입합니다.

배송 문의, 환불 절차, 사이즈 추천, 제품 설명까지 깔끔하게 처리하죠. 사장이 일일이 답을 하지 않아도, AI 챗봇으로부터 고객은 즉시 답을 받으니 만족도가 올라가죠. 챗봇은 손님이 물어보면 바로 알려주는 야간 알바생 같아요.

하지만 챗봇도 아무거나 구축하면 효과가 반감됩니다. 쇼핑몰 규모, 업종, 예산에 맞는 솔루션을 잘 고르는 것이 핵심이에요.

## ▷ 사업 규모별 챗봇 선택 기준

떡볶이집과 한정식집의 직원 수가 다르듯 쇼핑몰 규모에 따라 챗봇도 달라져야 합니다. 업무량과 고객 요구가 다르기 때문이죠. 작게 시작해서 기능을 넓혀가는 게 일반적입니다.

첫째, 1인 쇼핑몰이나 초보 단계: 하루 문의가 10~30개 정도라면 배송·환불·사이즈 같은 간단한 질문만 자동 처리할 수 있는 챗봇으로 충분합니다. 비용도 저렴하고 설정도 쉬워요. 역할을 좁고 명확하게 정합니다.

둘째, 성장하는 쇼핑몰: 하루 30~150건 문의가 오기 시작하면 장바구니 확인, 상품 추천, 고객 행동 기반 안내 같은 기능이 필요합니다. 카카오톡 등 연동도 중요해지고요.

셋째, 중형·브랜드 몰: 하루 수백 건씩 문의가 들어오면 CRM(고객관리 시스템)과 연동하거나 구매 이력 기반 자동 추천 같은 고급 기능이 필요합니다.

또, 업종에 따라 고객 질문이 달라지기 때문에 챗봇도 업종별로 '특화 기능'을 갖추면 훨씬 효과적입니다. 한 예로 펫 용품 쇼핑몰이라면 "우리 강아지가 3kg인데 어떤 사이즈를 사야 하나요?", "성분 알레르기 여부 알려주세요"와 같은 특화 질문에 대한 답변이 필요하지요. 패션·의류라면 신체 사이즈 기반 추천, 코디 조합 안내도 요구됩니다. 식품·간편식 경우에는 유통기한이나 보관 방법에 대한 답변이 필수입니다. 치킨집에 가면 "뼈·순살 중에서 뭐가 맛있나요?"를 많이 묻고, 카페에서는 "달달한 메뉴 추천해 주세요"를 많이 묻는 것과 똑같은 원리입니다.

## ▷ 도입 비용은 기능에 따라 차이

도입 비용은 크게 메시지 사용량, 연결된 채널 수, 필요한 지능 수준에 따라 달라집니다. 채팅 상담 직원 1명을 고용하면 월 200만 원 넘게 들어가지만 챗봇은 그보다 훨씬 경제적입니다.

- 기본 챗봇
- 중급 기능(추천·분류 기능)
- 고급 기능(CRM·개인화)

챗봇의 운영은 보통 얼마나 문의를 해결하는지, 구매 전환율에 기여하는지, 쿠폰 사용률을 높이는지 등 운영 효율과 매출 기여도로 평가합니다.

## ▷ 노코드(No-Code) 방식으로 챗봇 만드는 방법

요즘 챗봇은 코딩을 몰라도 만들 수 있습니다. 레고 조립하듯 다음 단계만 따라 하면 됩니다.

**① 플랫폼 고르기**

- 카페24 챗봇, 여러 챗봇 솔루션 등

### ② 고객 질문(FAQ) 정리하기

- 배송, 교환, 사이즈, 제품 설명 등 고객 질문을 정리합니다. 챗봇이 설명할 '메뉴판'을 만드는 과정입니다.

### ③ 답변 문장 만들기

- "배송은 주문 후 1~2일 소요됩니다"와 같은 기본 응답을 넣습니다. 실제 문의처럼 30~50개 질문과 답을 정리합니다.
- Q1: 배송 얼마나 걸려요?

  A1: 평일 오후 2시 전 결제 건은 당일 출고돼요, 평균 1~2일 내 도착합니다. 실시간 조회는 아래 버튼을 눌러주세요.
- Q2: 교환·반품 어떻게 해요?

  A2: 수령 7일 이내 미개봉 제품만 가능해요. 마이 페이지→ 주문 내역에서 신청해 주세요. 자세한 절차는 '교환·반품 안내' 버튼을 눌러 확인해 주세요.

### ④ AI 자동 학습 켜기

- 문장을 이해하고 비슷한 질문에도 답하도록 설정합니다.

### ⑤ 테스트하기

- 손님 입장에서 몇 가지 질문을 던져보고 이상한 답을 하면 수정합니다.
- 이 과정은 새로 들어온 직원을 연습시키는 것과 같습니다. 오답을 줄이고 판매에 도움이 되도록 응답을 최적화합니다. 레고 조립하듯이 만들 수 있어요.

··· **마무리** ···

챗봇을 도입하면 단순히 시간 절약만 되는 게 아닙니다. 즉시 응답으로 이탈 고객을 막고, 맞춤형 안내로 객단가를 올리고, 친절한 커뮤니케이션으로 재구매율도 높일 수 있습니다. 사장님이 자고 있는 한밤중에도 챗봇은 묵묵히 손님을 잡아주는 '든든한 직원'이 되는 셈입니다.

# 자사몰 상품 진열을 AI로 자동화

온라인 쇼핑몰을 운영하다 보면 "상품은 점점 늘어나는데… 도대체 뭘 위에 두고, 뭘 뒤에 두어야 더 잘 팔릴까?" 같은 고민이 생깁니다. 예쁜 사진도, 좋은 상품도 준비했는데 진열 순서가 엉켜버리면 고객은 금방 흥미를 잃고 나가버립니다. 그런데 요즘은 이 고민을 '사람'이 아니라 AI가 대신 해결해 주는 시대가 됐습니다. 마트에 가면 직원이 밤새 매대를 채워두는 것처럼, 쇼핑몰의 상품 진열도 AI가 자동으로 정리해 주는 것이죠.

## ▷ 상품 배열을 바꿔주는 시스템, AI 자동 진열

AI 자동 진열은 온라인 매장의 '상품 배열'을 AI가 자동으로 조정해 주는 기능입니다. 오프라인 마트로 비유하면, 손님들을 유심히 관찰한 직원이 '오늘은 고구마보다 사과를 사람들이 많이 들고 가네?'라고 판단해서 다음 날 사과를 입구에 딱 배치하는 것과 똑같아요. 즉, AI 자동 진열은 '고객 반응 기반 + 자동 업데이트'가 핵심입니다.

### ▷ AI 자동 진열로 매출 상승

잘 팔리는 상품이 위로 올라가니까 매출이 자연스럽게 오릅니다. 사람들은 '보이는 상품'부터 클릭합니다. 인기 상품이 위에 있으면 클릭·장바구니·구매까지의 시간이 훨씬 짧아지죠.

### ▷ 운영 시간 절약

기존에는 판매자나 직원이 '신상품은 어디 둘까', '베스트는 어디 올릴까'를 계속 관리해야 했지만, 이제는 AI가 24시간 최신 데이터로 정렬해 줍니다. 그 시간에 우리는 마케팅·광고·제작 같은 더 중요한 일에 집중할 수 있어요.

### ▷ 개인 맞춤형 진열

고객마다 관심사가 다르기 때문에 A 고객은 '강아지', B 고객은 '주방용품'이 더 먼저 보이는 것이 훨씬 효율적입니다. 이 개인화 기능의 구현이 자동 진열의 진짜 힘이에요.

- 원리: 고객 행동 → 데이터 분석 → 진열 업데이트

AI는 고객이 쇼핑몰에서 하는 모든 행동을 관찰하고 분석합니다.

- 어떤 상품을 클릭했는지
- 어디에서 오래 머물렀는지
- 장바구니에 넣었는지
- 구매까지 이어졌는지
- 지금 반응이 좋은 신상품은 무엇인지
- 재고는 충분한지

AI는 이 모든 데이터를 분석해서 '지금 이 상품을 위에 두면 잘 팔릴 가능성이 높겠구나'라고 판단합니다.

## ▷ 진열을 바꾸는 방식

AI 진열은 여러 기준과 방식으로 이루어져요.

**① 자동 업데이트 주기**

- 실시간(1시간 단위)
- 하루 1회
- 트래픽 급증·이벤트 기간에 빠른 반응

**② 진열 기준**

- 최근 일주일 판매량
- 조회수 상승률
- 장바구니 비율

- 개인화 추천 점수
- 시즌성(여름엔 냉방 제품, 겨울엔 난방 제품)
- 재고 상황

**③ 영역별 진열 전략**

- 베스트 영역 → 최근 7일 판매 트렌드
- 신상품 영역 → 반응 좋은 신상품 우선
- 할인 영역 → 할인 폭 + 클릭 상승률

이렇게 영역마다 다른 진열 기준을 적용하면 전체 페이지가 훨씬 깔끔하고 고객 친화적으로 변합니다.

## ▷ 운영자가 해야 할 일

AI 자동 진열이 훌륭하다고 해도 방향은 사람이 잡아야 합니다. 운영자가 해야 할 일은 몇 가지로 정리됩니다.

먼저 상품 정보와 사진, 카테고리 같은 기본 데이터가 정확해야 합니다. 다음으로 신상품, 베스트 영역, 이벤트 등 기본 전략을 설정해야 하고, AI가 제공하는 진열 제안과 통계 데이터를 참고해 운영 방향을 조정해야 합니다. 필요할 때는 수동 조정으로 전략을 더 강화할 수도 있습니다. 즉, AI가 실행을 맡는다면 운영자는 전략을 설계하는 역할을 맡는 구조입니다.

## ▷ 로보MD 솔루션의 적용 방법

로보MD는 국내 쇼핑몰을 위한 AI 자동 운영 솔루션으로, 자동 진열뿐 아니라 배너 자동 생성, 추천 기능, 통계까지 한 번에 제공합니다. 쇼핑몰 플랫폼 연동만 하면 쉽게 사용할 수 있고 카페24, 메이크샵, 아임웹 등 대부분의 플랫폼을 지원합니다.

기술적인 설치 과정은 로보MD에서 도와주기 때문에 운영자는 복잡한 설정 없이 상품 데이터와 기본 진열 기준만 정해두면 됩니다. 이후에는 AI가 자동 진열과 배너 운영을 수행하고 운영자는 매출 변화와 고객 반응을 모니터링하며 전략을 보완하면 됩니다.

구독 방식은 월 정액제 형태지만 상품 개수나 쇼핑몰 규모, 필요한 기능에 따라 비용이 달라지므로 개별 상담을 통해 결정됩니다. 공개된 하나의 가격표가 있는 방식이 아니라 맞춤형 요금제라는 점이 특징입니다.

··· **마무리** ···

쇼핑몰은 상품이 늘어날수록 관리가 복잡해지고 진열은 더욱 어려워집니다. 하지만 AI 자동 진열을 도입하면 운영자는 전략에 집중하고 AI는 상품을 가장 잘 팔릴 곳으로 계속 재배치합니다. 로보MD처럼 연동부터 자동 진열, 배너 생성, 통계 제공까지 한 번에 지원하는 솔루션을 활용하면 소상공인도 어렵지 않게 AI 기반 쇼핑몰 운영 환경을 구축할 수 있습니다. 진열이 바뀌면 매출도 바뀝니다. AI 자동 진열은 이제 선택이 아니라 쇼핑몰 운영의 필수 기능으로 자리 잡고 있습니다.

# 홈쇼핑 저물고
# 모바일 라이브 커머스가 뜬다

요즘 쇼핑, 어떻게 하세요? 예전엔 TV에서 홈쇼핑 방송을 보면서 전화로 주문했죠. 홈쇼핑에 회원 가입을 하고 전화가 연결되기까지 기다려야 했죠. 그런데 요즘은요? 휴대폰으로 방송을 보면서 댓글로 물어보고, 맘에 들면 클릭 한 번에 결제 끝! 바로 라이브 커머스, 말 그대로 '실시간 방송+쇼핑'입니다.

사람들은 이제 상품 검색보다 영상으로 보고, 리뷰보다 실시간 질문을 하고, 사이트보다 채팅창에 머뭅니다. 패션 브랜드 무신사가 몇 시간 방송에 수십억 원대 매출 올린다는 이야기는 결코 과장이 아닙니다. 무신사는 진행자도 쇼호스트보다 제품을 잘 아는 MD나 에디터를 내세워요. 예전에 TV 홈쇼핑 강자였던 CJ의 CJ온스타일도 요즘 모바일 라이브 커머스로 무게 중심을 옮겼습니다.

## ▷ 라이브 커머스 vs TV 홈쇼핑

이전에 TV 홈쇼핑은 다음과 같았습니다.

- 방송은 일방적이에요. 궁금한 걸 물어봐도 대답이 바로 안 와요.
- 주문하려면 상담원이랑 통화해야 하고, 절차도 복잡해요.
- 정해진 시간에 맞춰 TV 앞에 앉아야 하죠.

하지만 라이브 커머스는 달라졌습니다.

- 실시간 채팅창으로 바로 물어볼 수 있어요.
- 진행자가 댓글 보고 즉시 답해줘요!
- 할인 쿠폰도 딱! 바로 결제 가능해요.

바로 지금 이 판에 올라타야 합니다. '라이브 커머스'라는 단어가 낯설 수도 있습니다. 하지만 본질은 단순해요. 스마트폰으로 실시간 방송을 하며, 제품을 보여주고, 고객과 대화하며, 바로 구매로 연결하는 것입니다.

온라인 쇼핑몰은 '상품 올리고 기다리는' 방식이지만, 라이브 커머스는 '고객에게 먼저 말을 걸 수 있는' 방식이에요.

- "이 옷은 실제로 이렇게 입으면 핏이 좋아요."
- "지금 남은 수량은 딱 10개예요."
- "오늘 방송 중에만 이 가격입니다."

이런 식의 현장감과 희소성은 오직 실시간 방송에서만 가능합니다. 결과? 잘되면 전환율이 높습니다.

### ▷ 나만의 브랜드 스토리를 팔 수 있다

라이브 방송은 그냥 판매가 아니라, '사람의 이야기'를 파는 매체입니다.

- 제품에 담긴 사연
- 만든 사람의 진심
- 사업가의 땀과 눈물

이걸 솔직하게 이야기하면, 단골이 생기고 팬이 생깁니다. 브랜드는 그렇게 성장합니다.

### ▷ '시작이 반', 라이브 커머스 도전

① **어려운 기술**?

- 라이브 커머스 플랫폼 앱에서 방송 시작 가능.

② **말을 잘하지 못해도 괜찮나**?

- 제품에 애정이 있고, 진심을 담아 설명하면, 그게 콘텐츠입니다. 화려한 말보다 솔직한 태도가 먹힙니다.

③ **촬영 장비**?

- 스마트폰 + 보조 조명 + 삼각대면 충분합니다. 이 세 가지면

기본은 됩니다. 처음부터 전문적인 장비는 필요 없습니다.

**④ 혼자서 운영 가능한가?**

- 가능해요. 다만 방송 전 재고 체크, 문의·채팅 응답 분배, 반품 정책 안내는 미리 준비하면 혼자도 문제없습니다.
- 과장 광고는 절대 금물 → 방송 중 말 한마디가 브랜드의 신뢰를 좌우합니다.
- 배송·반품 프로세스 준비 → 실시간 구매는 빠르지만, 처리 속도도 중요합니다.
- 방송 기획이 반복되지 않게 → 매번 같은 말만 하면 고객은 떠납니다. Q&A, 이벤트, 사연 모집 등 포맷을 다양화해 보세요.

## ▷ 시작은 어떻게 해야 할까요?

**① 내 제품 중 '보여줄 수 있는' 아이템을 고른다**

- 입는 옷, 사용하는 소품, 먹는 음식이 가장 좋습니다.

**② 시연 가능한 환경을 마련한다**

- 작은 테이블, 밝은 조명, 정리된 배경이면 충분합니다.

**③ 고객의 궁금증을 미리 적어본다**

- "사이즈 어때요?", "어디서 만들었어요?", "배송은 언제 와요?"

### ④ 답을 미리 준비한다

- 답을 준비해 두면 진행이 훨씬 부드러워집니다.

### ⑤ 30분짜리 방송을 1번 테스트한다

- 완벽할 필요 없습니다. 시작이 90%입니다.

### ⑥ 반응을 보고 다음 방송을 기획한다

- 좋아요 수, 채팅 내용, 구매 전환율을 기록해 보세요.

**··· 마무리 ···**

라이브 커머스는 자본 있고 전문가 있는 기업만의 무기가 아닙니다. 오히려 사람 냄새 나는 브랜드일수록 도전할 수 있는 무기입니다. 진심을 보여줄 수 있고, 고객과 직접 소통할 수 있으면, 단골을 만들 수 있는 기회입니다. 이 기회가 여러분 손안에 있습니다. 지금 시작해 보세요. 망설일수록 기회는 남의 것이 됩니다.

# 모바일 라이브 커머스의 스크립트

모바일 라이브 커머스는 '스마트폰에서 실시간 방송으로 제품을 보여주고, 시청자와 채팅하며 질문을 받고 바로 구매까지 연결되는 쇼핑 방식'입니다. 마치 TV홈쇼핑을 휴대폰으로 바꿔서, 채팅창이 콜센터가 된 것이라고 보면 돼요. 예전엔 리모컨으로 홈쇼핑 채널을 돌려가며 상담원과 연결했다면, 지금은 화면 아래 채팅창에 "이거 실제로 써본 건가요?", "사이즈는 어떤가요?" 라고 물어보면 진행자가 바로 답을 해줍니다.

## ▷ 라이브 커머스의 장점

- 작은 브랜드라도 스마트폰 하나로 라이브 방송을 열 수 있고, 오프라인 매장 같은 큰 비용도 들지 않습니다.
- 시청자가 "궁금해요"라고 하면 채팅으로 "이 색이 저 햇빛 아래서 더 진해요"처럼 더 자세히 설명을 해줄 수 있어요.
- 방송을 통해 브랜드 스토리·사람 냄새·체험감을 전달하면 단

순 제품이 아닌 '이 브랜드랑 연결'되는 느낌이 생기며 팬이 생겨요.

- 다만 처음에는 방송 품질(조명·음향), 콘텐츠 기획(후크 오프닝, Q&A 타임), 재고·배송 준비를 꼼꼼히 해야 해요. 또한 과장 광고 피하기, 반품 정책 명확히 하기 등 신뢰 기반을 잘 다져야 해요. 스크립트와 체크리스트를 예시로 보면, 나도 할 수 있을지 결정할 수 있을 것입니다.

## ▷ 라이브 커머스 영상 스크립트

- 방송 시간: 약 20~30분 기준
- 제품 예시: 수제 디퓨저·소형 잡화류·의류 등
- 톤&매너: 진심 있는 친구처럼, 편안하게

라이브 커머스 영상 스크립트 사례를 살펴보겠습니다.

**» 오프닝(0:00~3:00)**

**[인사 + 브랜드 소개]**
"안녕하세요, 여러분! 오늘은 [브랜드명]의 [제품명]을 직접 보여드리는 실시간 방송입니다!", "저는 이 브랜드를 직접 운영하고 있는 [이름]입니다. 직접 만들고, 직접 쓰는 사람이라서 오늘은 누구보다 솔직하게 제품을 소개해 드릴게요."

[방송 참여 유도]
"방송 중에 궁금한 거 있으시면 댓글 바로 주세요. 실시간으로 답변드리면서 함께 얘기 나눠볼게요!"

**» 제품 소개(3:00~10:00)**

[제품 사용 장면 보여주기]
"이게 바로 오늘 소개할 [제품명]입니다. 실제로 제가 집에서 이렇게 사용하고 있어요."

[사용 예시, 기능 설명]
"향이 너무 강하지 않고 은은해서 작은 공간에도 좋아요. 디자인도 이렇게 심플해서 인테리어에도 잘 어울리고요."

[손으로 만지고, 가까이 보여주기]
"이렇게 가까이 보시면 마감이 얼마나 깔끔한지 보이시죠?", "뚜껑 열었을 때 향이 확~ 올라오는데, 방송이라 아쉽네요."

**» 실시간 Q&A(10:00~20:00)**

[라이브 채팅 반응 확인하며 호명]
"@정혜영 님, 좋은 질문이에요. 리필용 따로 구매 가능합니다."
"@minmin 님, 선물 포장 원하시면 요청사항에 써주세요!"

[자주 묻는 질문 미리 대비]
"얼마나 지속돼요?"
"배송은 얼마나 걸려요?"
"남자 방에도 어울릴까요?" 등

[상황별 추천]
"기념일 선물로도 많이 찾으시고, 자취방에서 혼자 힐링용으로도 좋아

요!"

**» 구매 유도 타이밍(20:00~25:00)**

**[혜택 강조 + 마감 시간 공지]**
"지금 방송 중에만 3,000원 할인 쿠폰을 드려요. 방송 종료되면 할인도 종료됩니다!", "지금 바로 아래 구매 버튼 누르시면 적용됩니다. 수량 한정이니 놓치지 마세요."

**» 마무리(25:00~30:00)**

**[진심 담긴 마무리]**
"오늘 함께 해주셔서 너무 감사합니다. 작은 브랜드지만 이렇게 관심 가져주시는 분들 덕분에 힘이 납니다.","다음 방송에서는 [예정된 다른 제품]도 소개할게요!"

**[후속 동선 유도]**
"팔로우 해주시면 방송 알림 받아보실 수 있어요. 구매 후 후기 남겨주시면 진심으로 감사드립니다!"

## ▷ 라이브 커머스 실행 단계별 가이드

### ① 방송 기획

- 어떤 제품을 보여줄 것인가? 사용 장면을 직접 시연할 수 있는 제품이 가장 유리함
- 방송 시간은 언제? 점심(12~1시), 저녁(8~10시)에 트래픽 많음

- 콘텐츠 흐름은? 오프닝 → 제품 소개 → Q&A → 혜택 안내 → 마무리

② **장비 준비**

- 스마트폰(최소 FHD 화질 이상)
- 조명(링라이트 or 스탠드조명)
- 삼각대(고정 필수)
- 핀 마이크(가능하면 음질 확보)

③ **플랫폼 선택**

- 인스타그램 라이브 → 팔로워 기반, 초보자에 적합
- 카카오·네이버 쇼핑 라이브 → 카카오·네이버 페이 연동, 쇼핑 유도
- 유튜브 라이브 → 브랜드 스토리 중심에 적합

④ **방송 운영 팁**

- Q&A는 시청자 이름 불러가며 답변
- 방송마다 주제 or 이벤트 하나씩 꼭 삽입
- 제품 수령 전후 클레임 대비, FAQ 준비

⑤ **방송 후 처리**

- 구매자에게 감사 메시지 발송
- 배송 상태 수시 확인
- 재고 정리 및 리뷰 유도 문자 전송

### ··· 마무리 ···

이제 스마트폰 앞에 앉아 마치 동네 시장처럼 방송을 켜고 '이번엔 뭐 있나?' 하고 찾아보는 시대예요. 라이브 커머스는 쇼핑과 소통이 결합된 새로운 유통 방식입니다. 물론 완벽하진 않지만, 잘 준비하면 좋은 기회가 될 수 있어요. 할머니도 모바일 화면 한편에서 '아이고 저거 괜찮네'라고 클릭하시는 날이 머지않아 보입니다.

# 조회수 차이는 '비교'에서 난다

"이 영상이 나을까? 저 영상이 더 잘될까?"

숏폼을 올려본 사람이라면 누구나 해본 고민입니다. 그런데 사람들은 보통 '감'으로 결정하다가 조회수도 적고, 전환률도 낮은 영상을 올려버리곤 하죠. 하지만 온라인에서는 감보다 '테스트'가 훨씬 정확합니다. 그게 바로 A/B 테스트에요.

A/B 테스트는 어렵게 생각할 필요 없습니다. 시장에서 두 가지 반찬을 살 때, A(김치)와 B(깍두기)를 놓고 '오늘은 뭐가 더 먹고 싶지?' 하고 비교하는 것과 똑같아요.

A 영상과 B 영상을 나란히 올려놓고, 사람들이 어떤 영상에 더 반응하는지 수치로 비교하는 것, 이게 바로 A/B 테스트입니다.

## ▷ A/B 테스트가 필요한 이유

- 시청자는 '감정'으로 스크롤을 멈춤
- 우리는 '감'이 아니라 '데이터'로 판단해야 함

- 어떤 영상이 사람을 더 끌어당기는지 정확히 알 수 있음

한마디로, '잘 팔리는 영상을 찾아내는 가장 효과적인 방법'입니다.

### ▷ 숏폼에서 A/B 테스트의 효과

숏폼은 15초 전후로 아주 짧기 때문에 후킹, 문장, 장면, 자막, 음악 같은 작은 차이만으로도 반응이 2배 가까이 달라집니다. 마치 같은 떡볶이라도 양념 비율 10%만 바꿔도 맛이 확 달라지는 것처럼요.

데이터 플랫폼들(틱톡·인스타그램·유튜브)은 초기 반응이 좋으면 영상 노출을 막 늘려주기 때문에, 어떤 후킹이 더 빠르게 반응을 얻는지가 정말 중요합니다. 그래서 A/B 테스트는 숏폼 커머스에서 사실상 필요가 아니라 의무가 되었습니다.

### ▷ A/B 테스트 비교 요소 5가지

숏폼 영상이라고 해서 비교할 게 별로 없다고 생각하나요? 사실은 아주 많아요. 다음 5가지만 비교해도 충분합니다.

첫째, '첫 3초 후킹 문장'. 가장 중요한 테스트 항목입니다.

- A 버전: "강아지가 간식 안 먹는 이유, 이거 때문이었어요."

- B 버전: "간식 냄새 맡자마자 뛰어올 정도로 반응 달라진 이유?"
- 이처럼 후킹 문장만 바꿔도 스크롤 정지율이 확 달라집니다.

둘째, '첫 장면(Thumbnail Frame)'. 사람은 영상의 첫 장면을 보자마자 '볼지 말지'를 결정합니다. 첫 화면만 바꿨는데 클릭률이 2배가 되는 경우가 많습니다.

- 강아지가 시큰둥해 하는 장면
- 강아지가 간식 보고 흥분하는 장면
- 제품을 딱 뜯는 소리 ASMR 장면

셋째, '자막(스타일, 문구 길이)'. 자막 하나로도 집중도가 달라져요. 특히 모바일 시청에서 자막은 화면의 40% 역할을 합니다.

- "강아지가 환장하는 간식 vs 우리 집 강아지, 이거 먹고 난리났어요."

넷째, '영상 길이(10초 vs 15초 vs 20초)'. 숏폼은 짧을수록 좋다는 생각도 있지만, 어떤 제품은 설명이 2초만 길어져도 구매 전환률이 올라갑니다. 테스트해 보기 전에는 모르는 영역이죠.

다섯째, '행동 유도 문장(CTA)'. 같은 "위 링크 눌러주세요"라도 반응이 다릅니다.

- "강아지 반응, 직접 확인해 보세요."
- "지금 할인 중이에요. 놓치지 마세요!"
- "영상에 뜨는 링크를 누르면 바로 구매 가능해요!"

## ▷ 숏폼 A/B 테스트 프로세스

이는 초보자도 그대로 실행할 수 있는 표준 프로세스입니다.

첫째, 'A/B 두 영상에서 '1개 요소만' 다르게 하기'. 예를 들어, 후킹 문장만 바꾸고, 나머지는 동일. 여러 요소를 한 번에 바꾸면 무엇이 효과인지 알 수 없습니다. 마치 반찬 두 종류를 맛보는데 양념과 재료와 조리법을 모두 바꾸면 뭐 때문에 맛이 다른지 모르는 것처럼요.

둘째, '같은 요일·비슷한 시간대에 업로드하기'. 플랫폼 알고리즘은 시간대 영향을 많이 받습니다. 예를 들어, '월요일 오후 7시, 수요일 오후 7시'와 같이 같은 시청 패턴이 나오는 시간대를 선택해야 합니다.

셋째, '24시간 기준으로 주요 지표 비교하기'. 숏폼은 초반 24시간이 승부입니다. 보통 비교하는 지표는 다음 4가지입니다.

- 스크롤 멈춤(첫 3초 시청률)
- 전체 시청 유지율
- 좋아요·댓글·공유

- 상품 클릭률 및 장바구니 전환

숫자로 비교해야 합니다. 감으로는 절대 차이를 못 느껴요.

넷째, '성과 좋은 버전만 남기기'. A/B 테스트의 목적은 '1등만 남기는 것'입니다. 조회수·반응이 더 좋은 버전이 곧 매출이 더 잘 나오는 공식으로 이어집니다.

다섯째, '성과가 좋은 버전을 기준으로 다음 테스트 실행하기'. A/B 테스트는 한 번 하고 끝이 아닙니다.

- 1차 → 후킹 문장 비교
- 2차 → 첫 장면 비교
- 3차 → CTA 비교

이렇게 3~5번 반복하면 기존 영상보다 성과가 크게 상승하는 경우가 많습니다. 예시로 브랜드 사랑해펫 '닭가슴살 당근스틱'의 실제 숏폼 테스트 시나리오를 만들어 볼게요.

**① 테스트 항목: 후킹 문장**

- A 버전: "우리 집 강아지가 간식에 무반응했던 이유, 이거였어요."
- B 버전: "간식 냄새 맡자마자 미친 듯이 달려오는 이유? 이거 때문!"

### ② 업로드 후 24시간 지표(가상의 예시)

| 항목 | A 버전 | B 버전 |
|---|---|---|
| 첫 3초 시청률 | 41% | 63% |
| 전체 시청 유지율 | 22% | 38% |
| 링크 클릭률 | 3.1% | 6.8% |
| 장바구니 추가 | 5건 | 18건 |

- 확인된 사실: B 버전은 첫 문장만 바꿨는데 결과가 2배 이상 더 좋다.
- 결정: B 버전만 유지 + 다음 테스트는 '첫 장면 이미지'로 진행.

이 과정이 숏폼 커머스 성과를 개선시키는 방법입니다.

**··· 마무리 ···**

A/B 테스트는 '영상 비교 맛보기'입니다. 영상 만들 때 가장 흔한 실수는 '이게 더 좋아 보이니까 이걸로 가자' 하는 주관적인 결정입니다. 그런데 콘텐츠는 내가 아니라 시청자 입맛에 맞춰야 해요. 생각보다 그렇게 어렵지 않습니다. 3~5회 반복하면 매출이 크게 증가합니다. 딱 10초 차이, 한 문장 차이가 매출을 갈라놓는 시대이기 때문입니다. 숏폼은 '실험하는 사람'이 결국 이깁니다.

# 숏폼 A/B 테스트 체크리스트

숏폼 영상은 15초 남짓한 짧은 콘텐츠지만, 그 안에서 조회수·도달·구매 전환이 모두 결정됩니다. 그래서 작은 차이라도 정확하게 비교하고 개선하려면 A/B 테스트가 필수예요. 그런데 많은 초보자·1인 크리에이터·쇼핑몰 운영자들이 A/B 테스트를 해보려다가 '뭐부터 비교해야 하지?', '어떤 요소를 바꿔야 하지?' 하고 막막해 합니다.

그래서 숏폼 영상 A/B 테스트를 위한 '체크리스트'를 장면·자막·후킹·CTA 등으로 나눠 따라 하기 쉽게 풀어서 정리합니다

## ▷ A/B 테스트 시작 전 준비리스트

테스트 전에 이 다섯 가지를 준비하면 테스트의 정확도가 확 올라갑니다.

**① 테스트 목표 명확히 하기**

- "조회수를 올릴 것인가?"

- “첫 3초 시청률을 높일 것인가?”
- “구매 클릭률을 높일 것인가?”

### ② 테스트할 요소 1개만 선택하기

- 많은 초보자가 한 번에 여러 요소를 바꿉니다. 그러면 ‘무엇 때문에 좋아진 건지’ 알 수 없어요.
- 반찬도 소금·설탕·고추장 비율을 동시에 바꾸면 뭐 때문에 맛이 달라졌는지 모르는 것과 같습니다.

### ③ 테스트 업로드 시간 통일하기

- A: 화요일 19시, B: 목요일 19시
- 이렇게 하면 공정한 비교가 안 됩니다. 같은 요일, 비슷한 시간대 업로드가 원칙입니다.

### ④ 플랫폼별 알고리즘 특성 고려

- 틱톡: 첫 1시간 반응이 매우 중요
- 인스타그램 릴스: 해시태그와 첫 장면 영향 큼
- 유튜브 쇼츠: 구독자 영향을 비교적 덜 받음

### ⑤ 테스트 기간 정하기

- 보통 24~48시간 데이터를 기준으로 비교합니다.
- 숏폼은 초기 반응이 성패를 결정하기 때문입니다.

## ▷ A/B 테스트 체크리스트

다음 체크리스트에서 한 번에 1개씩만 골라 테스트하세요. 이 절차를 3~5번 반복하면 성과가 눈에 띄게 올라갑니다.

**① 후킹(첫 3초) 비교 체크리스트**

- 시작 문장 바꾸기
- 카메라 구도 바꾸기(정면 vs 측면)
- 첫 장면을 감정 장면으로 시작하기
- 의외성 요소 넣기(반전·놀람·비포 상태 등)
- 문제 제기형 문장 vs 공감형 문장 비교
  - A: "우리 집 강아지가 간식 안 먹는 이유?"
  - B: "간식 냄새 맡자마자 뛰어온 이유? 바로 이거예요!"

**② 영상 구성 비교 체크리스트**

- 전체 길이(10초 vs 15초 vs 20초)
- 제품 노출 시점(초반 2초 vs 5초 이후)
- '전환 장면'의 위치(중앙 vs 후반)
- 데모 장면 넣기 vs 생략하기
- AI 자막 적용 여부

**③ 자막 비교 체크리스트**

- 짧은 자막 vs 긴 자막
- 강조 단어(굵게·컬러 사용)

- 1문장 자막 vs 스토리형 자막
- 감탄형 표현 사용 여부("대박!", "보세요!" 등)
  - A: "먹자마자 좋아해요."
  - B: "이 간식, 냄새 맡자마자 난리 나요!"

**④ 제품 영상 비교 체크리스트**

- 전면 클로즈업 vs 전체 장면
- 손으로 잡는 장면 vs 테이블 위 배치
- 동작 기반(따기·뜯기) 장면 포함 여부
- 제품 특징 강조 방식(재료·성분·사용법)
  - A: 재료 강조 (국내산 닭가슴살 + 당근)
  - B: 기능 강조 (부드러워서 잘 씹어요)

**⑤ CTA(행동 유도) 비교 체크리스트**

- CTA 문장 스타일
- CTA 위치(중간 vs 마지막)
- 할인 정보 포함 여부
- 말투 변경(친근한 말투 vs 단정한 말투)
  - A: "영상 위 링크를 누르면 바로 구매 가능해요."
  - B: "할인 중이에요. 지금 눌러보세요!"

## ▷ 테스트 결과 확인 지표

숏폼에서 비교할 때 가장 중요한 지표는 다음과 같습니다.

**① 첫 3초 유지율**

- '후킹' 성공 여부 판단 → 50% 넘어가면 좋은 편

**② 완시(완료 시청률)·중간 이탈률**

- 영상 구조와 전환 장면 평가

**③ 프로필 클릭·링크 클릭·상품 클릭**

- 구매 의도와 연결 → 커머스에서는 '가장 중요한 지표'

**④ 장바구니·구매 전환**

- 테스트의 최종 승자는 이 지표로 결정

## ▷ 사랑해펫 '닭가슴살 당근스틱'(예시)

예를 들어, 강아지 간식 브랜드 사랑해펫이 A/B 테스트를 진행한다고 가정해 볼게요.

**① 테스트 목표**

- 후킹 문장 변경 → 첫 3초 시청률 상승

### ② 테스트 버전

- A: “우리 집 강아지가 간식에 무반응했던 이유?”
- B: “간식 냄새 맡자마자 난리 난 이유? 이거 때문!”

### ③ 업로드 시간

- 둘 다 금요일 18시 업로드

### ④ 24시간 후 지표 비교

- 결론: B 버전 승리

| 항목 | A 버전 | B 버전 |
|---|---|---|
| 첫 3초 유지율 | 43% | 67% |
| 완료 시청률 | 24% | 38% |
| 링크 클릭률 | 12건 | 31건 |
| 장바구니 추가 | 3건 | 11건 |

**··· 마무리 ···**

A/B 테스트는 두 가지 버전 중 무엇이 더 잘 먹히는지 비교하는 과정입니다. 시장에 김치 두 가지를 내놓고 ‘오늘은 어떤 게 더 맛있지?’ 비교해 보는 것과 똑같습니다. A 버전 영상과 B 버전 영상에서 딱 1개의 차이만 두고 사람들이 어떤 영상에 더 반응하는지를 숫자로 확인하는 것이 원리입니다. 두 영상만 공정하게 비교하면 됩니다. 이 체크리스트를 활용한다면 숏폼 영상의 조회수와 매출이 자연스럽게 올라갈 것입니다.

# 숏폼 A/B 테스트 결과 기록 템플릿

많은 쇼핑몰 운영자들은 A/B 테스트 영상을 올려놓고도 '대충 B가 더 나은 것 같아…', '조회수는 비슷한데 뭐가 문제였지?' 하며 감으로 판단합니다. 하지만 숏폼 커머스에서 감으로 판단하는 건 운에 맡기는 측면이 있습니다. 반면, 기록은 반복 가능한 확실한 근거입니다.

그래서 숏폼 커머스 성공에 중요한 'A/B 테스트 결과 기록 템플릿'을 중심으로 누구나 조회수와 전환률을 빠르게 끌어올릴 방법을 살펴보겠습니다.

## ▷ A/B 테스트는 기록이 절반

A/B 테스트는 두 영상 비교 실험입니다. 하지만 비교를 제대로 하지 않으면? A 영상·B 영상 모두 평범한 영상이 되어버립니다. 기록이 중요한 3가지 이유를 살펴보겠습니다.

첫째, 기억은 틀리지만 기록은 정확하다. 사람은 하루만 지나도 '어떤 문장을 썼지?', '첫 장면이 뭐였더라?' 기억이 잘 나지 않습니다. 그래서 기록은 선택이 아니라 필수입니다.

둘째, 기록해야 다음 테스트가 빨라진다. A/B 테스트는 한 번 하고 끝이 아닙니다. 후킹 → 장면 → 자막 → CTA… 3~5번 반복해야 영상이 진짜 잘 나옵니다. 기록이 없으면 이전에 무엇을 테스트했는지조차 기억이 안 나서 개선이 지연됩니다.

셋째, 기록을 쌓으면 '나만의 데이터 자산'이 생긴다. 남의 성공사례는 참고용입니다. 진짜 중요한 건 내 제품·내 채널에서 잘 되는 패턴입니다. 이 패턴은 기록이 쌓여야만 보입니다.

## ▷ A/B 테스트 결과 기록 템플릿

다음은 실제 숏폼 운영자, 쇼핑몰, 크리에이터들이 가장 많이 쓰는 구조를 기반으로 만든 표준 기록 템플릿입니다. 이 템플릿 하나만 꾸준히 쓰면 3~4주 후부터 성과가 눈에 띄게 달라집니다.

### ① 기본 정보(영상 자체 기록)

| 항목 | 내용 |
| --- | --- |
| 테스트 번호 | A/B Test #01 |
| 테스트 날짜 | YYYY-MM-DD |

| 플랫폼 | 틱톡·인스타그램·쇼츠 |
|---|---|
| 테스트 목표 | 후킹 개선·시청 유지율 개선·클릭률 개선 등 |
| 변경 요소 | 후킹 문장·첫 장면·자막·CTA 등 |
| A 버전 설명 | (사소한 차이까지 기록) |
| B 버전 설명 | (사소한 차이까지 기록) |

### ② 핵심 지표 기록

| 지표 | A 버전 | B 버전 |
|---|---|---|
| 첫 3초 시청 유지율 | % | % |
| 전체 시청 유지율 | % | % |
| 좋아요·댓글·공유 | 숫자 | 숫자 |
| 프로필 클릭 | 숫자 | 숫자 |
| 상품 클릭 | 숫자 | 숫자 |
| 장바구니 담기 | 숫자 | 숫자 |
| 실제 구매 | 숫자 | 숫자 |

### ③ 승자(우승 버전) 선택

- 승자: A/B
- 선택 이유: 숫자 기반으로 명확하게 기록

**④ 다음 테스트 계획**

- 다음 변경 요소: 예) 첫 장면 테스트로 이동
- 목표 지표: 예) '첫 3초 유지율 55% 이상'

이 템플릿을 사용하면 '그때 잘 나왔던 장면이 뭐였지?'와 같은 고민을 할 필요가 없어집니다. 숫자가 말해주는 대로 따라가기만 하면 됩니다.

## ▷ 닭가슴살 당근스틱 사례

**① 기본 정보 기록**

| 항목 | 내용 |
|---|---|
| 테스트 번호 | A/B Test #03 |
| 날짜 | 2025-02-01 |
| 플랫폼 | 인스타그램 릴스 |
| 테스트 목표 | 첫 3초 유지율 상승 |
| 변경 요소 | 후킹 문장 |
| A 버전 | "우리 집 강아지가 간식에 시큰둥했던 이유?" |
| B 버전 | "간식 냄새 맡자마자 달려온 비밀? 이거 때문!" |

② **지표 기록**

| 지표 | A | B |
| --- | --- | --- |
| 첫 3초 유지율 | 42% | 68% |
| 전체 시청 유지율 | 25% | 39% |
| 좋아요 | 112 | 284 |
| 공유 | 4 | 11 |
| 프로필 클릭 | 19 | 40 |
| 상품 클릭 | 6 | 21 |
| 장바구니 | 1 | 7 |
| 구매 | 0 | 3 |

③ **승자 선정**

- 승자: B 버전
- 선택 이유: 전 지표에서 B가 모두 우세
- 특히 첫 3초 유지율 +26% → 링크 클릭률 3.5배 증가

④ **다음 테스트 계획**

- 다음 테스트 요소: 첫 장면 이미지 변경
- 목표 지표: 첫 3초 유지율 70% 이상

이렇게 작성해야 전체 테스트 흐름이 흩어지지 않고 하나의 성장 전략으로 이어집니다.

## ▷ 템플릿 활용 지침 5가지

**① 사소한 차이도 반드시 기록**

- 후킹 문장이 "강아지가" → "우리 집 강아지가" 이렇게 한 단어만 달라도 결과는 달라질 수 있어요.

**② 업로드 시간을 꼭 적어두기**

- 노출량은 요일·시간대 차이가 크기 때문에 정확한 비교를 위해 필수입니다.

**③ 숫자를 절대로 대충 적지 않기**

- 숫자가 정확해야 승자가 명확합니다. 기억으로 적으면 100% 오류 납니다.

**④ 테스트는 반드시 2~3회 연속 반복**

- 한 번의 결과로 결론 내리지 마세요. 숏폼 알고리즘은 변동성이 있기 때문입니다.

**⑤ '상품 클릭·장바구니·구매' 지표가 중요**

- 조회수는 허수일 수도 있습니다. 전환 지표 중심으로 판단하세요.

**마무리**

A/B 테스트 템플릿을 적용하면 후킹 성공률 증가, 전체 시청 유지율 상승, 클릭률·장바구니·구매가 눈에 띄게 증가하고, '무엇이 잘되는 패턴인지' 명확한 답을 갖게 되는 장점이 있습니다. 숏폼 커머스는 패턴을 찾는 과정입니다. 기록은 그 패턴을 찾게 해주는 나침반입니다.

V

# 영상 커머스의 전략적 운영과 미래

● REC

# 영상의 질에 앞서
# 전략이 성패를 결정

유튜브·틱톡을 켜면 하루에도 수천 개의 강아지 영상이 줄줄이 올라옵니다. 문제는 너무 많다는 것입니다. 이제는 귀여운 강아지만으로는 조회수가 잘 나오지도 않고, 상품이 팔리기도 어렵습니다. 그래서 신규로 펫 숏폼 커머스에 뛰어들려는 사람이라면 꼭 기억해야 할 한 가지가 있어요. '좋은 영상이 성공을 만든다'가 아닙니다. '전략 있는 영상이 성공을 만든다'는 것입니다. 왜 전략 중심 운영이 필수인지, 그리고 어떤 전략을 써야 하는지 살펴보겠습니다.

## ▷ '강아지의 귀여움'은 더 이상 경쟁력이 아니다

솔직히 말해볼까요?

- 강아지가 장난감에 놀라는 모습
- 고양이가 상자에 들어가는 모습
- 강아지 산책 브이로그

이런 영상들은 이미 수도 없이 만들어졌고, 대부분 강자들이 선점하고 있어요. 그래서 신규 채널이 비슷한 포맷으로 가면 어떻게 되느냐?

- 10초 보고 스쳐 지나갑니다.
- 알고리즘도 "이건 흔해~" 하면서 추천을 많이 주지 않아요.
- 조회수는 100~300회 안에서 맴돌고 구독자도 뜨지 않죠.

실제 예를 볼까요? 유튜브에는 '댕댕이 일상 브이로그'가 셀 수도 없이 많습니다. 같은 톤, 같은 분위기, 같은 컷의 영상들입니다. 하지만 대부분 조회수 300회 아래에서 멈추고, 좋아요도 10개가 안 됩니다. 이 시장은 이미 꽉 찼습니다. 귀여움만으로는 차별화가 불가능한 시대가 왔어요.

## ▷ 같은 콘텐츠로는 앞서 갈 수 없다

유튜브 숏폼은 '추천 알고리즘'이 모든 걸 결정합니다. 문제는 비슷한 영상을 올리면 알고리즘이 기존 강자들과 비교해 버린다는 것이에요. 이미 유명한 펫 채널들은 캐릭터(대표 강아지, 고양이)·스토리·팬덤·브랜드 협찬 등 모두 갖춰져 있어요. 여기에 신규 창작자가 '나도 강아지 귀여운 영상 찍어야지!' 하고 뛰어들면? 정면 승부에서 100% 밀립니다.

예를 들어, 기존의 감동 구조 영상을 따라하는 신규 채널들이 많아요. 하지만 대부분 조회수가 500회도 넘기기 어렵죠. 그 이유는 포맷이 이미 차고 넘치기 때문입니다. 신규 채널이 성공하려면 남들이 안 하는 영역, 남들이 신경 쓰지 않는 프레임을 잡아야 합니다.

## ▷ 전략 중심의 운영이 필요하다

유튜브 알고리즘은 단순합니다. '이 채널은 어떤 채널인가?' 이 질문에 답이 명확할수록 더 잘 추천됩니다. 하지만 대부분의 신규 채널은 어떤 톤의 영상인지, 어떤 목적을 가진 채널인지, 어떤 이야기를 하는 채널인지 일관성이 없습니다. 결국 이런 채널은 알고리즘이 봤을 때 '정체성이 없음 → 추천할 이유 없음'이 됩니다. 그래서 전략이 필수입니다.

## ▷ 전략적 운영 요소 5가지

**① 콘셉트 포지셔닝**

- 이 채널은 어떤 사람의 어떤 문제를 해결해 주는가? 이에 대해 1초 만에 설명할 수 있어야 합니다.
- "보호소 강아지 사회화 전문 채널"
- "강아지 행동 심리 실험 채널"
- "특정 견종(말티즈·포메) 전문 관리 채널"
- "리얼 제품 사용기 기반 솔루션 채널"

**② 스토리텔링이 필요한 시대**

- 귀여움만 보여주는 영상은 다음 장면으로 이어지는 힘이 약해요. 이제는 '문제 → 해결 → 만족' 구조가 먹힙니다.
- "겁 많은 강아지가 3일 만에 장난감을 좋아하게 된 이유"
- "고양이가 스트레스를 받는 순간, 이것으로 해결"

**③ 포맷 고정이 알고리즘을 움직인다**

- 유튜브는 '이 채널 = 이런 영상'이 명확할수록 추천합니다.
- 매일 1개 업로드
- 15초
- 3컷 구조 고정
- 이런 패턴만 확실히 유지해도 노출량이 서서히 늘어납니다.

**④ 상품을 자연스럽게 등장시키기**

- "이 제품 좋아요!"라고 갑자기 광고를 넣으면 시청자는 바로 스킵을 합니다.
- 하지만 강아지 문제 해결 과정, 실험 과정 안에 자연스럽게 들이기는 상품은 자연스러운 전환을 만들어 줍니다.

**⑤ 감이 아니라 데이터로 운영해야**

- 초기일수록 '조회수 패턴'을 보면서 빠르게 방향을 잡아야 합니다.
- 평균 시청 시간
- 첫 3초 이탈률

- 댓글 유형

## ▷ 신규 채널이 전략으로 성공한 유형

**① '입양 준비 체크리스트' 중심 신규 채널 사례**

- 2개월 만에 구독자 1만 돌파
- 귀여움이 아니라 '정보 + 감동' 프레임
- 영상마다 '입양 전 알아야 할 것'으로 일관성 유지
- 관련 상품 연계 쉽게 성공(입양 키트, 장난감, 간식)

**② '강아지 행동 심리 실험' 신규 채널 사례**

- 숏폼 10만 조회수 연속 달성
- 매 영상이 똑같은 구조: 실험 → 반응 → 배움
- 학습되는 포맷 → 팬덤 성장
- 실험에 필요한 장난감·소품 관련 판매 자연스럽게 연계

**··· 마무리 ···**

펫 영상 시장은 이미 포화 상태입니다. 그리고 이 포화된 시장에서는 영상 퀄리티가 아니라 전략적 기획력이 승부를 가릅니다. 지금 펫 숏폼에 새롭게 뛰어들려는 사람에게 필요한 것은 포지셔닝, 스토리 구조, 포맷 일관성, 자연스러운 상품 연결, 데이터 기반 피봇팅. 이 5가지 전략뿐입니다. 결론은 단순합니다. 펫 숏폼 커머스는 '귀여움 경쟁'이 아닌 '전략 게임'입니다. 전략을 가진 신규 채널만 살아남을 수 있습니다.

# 트렌드와 경쟁 채널 분석해 주는 AI 툴

요즘 유튜브에 강아지·고양이 영상 안 보는 사람 거의 없죠. 문제는… '나도 펫 영상 찍어서 물건 팔아 봐야지!' 하고 들어가 보면, 이미 비슷한 채널이 산더미처럼 깔려 있다는 것입니다. 여기서 많은 초보자가 이렇게 생각합니다. '그래도 우리 강아지가 제일 귀여우니까, 찍다 보면 조회수 나오겠지?' 그런데 지금 시장은 귀엽다는 것만으로는 살아남기 힘든 포화 상태입니다. 이 단계에서는 감(눈대중)이 아니라 데이터와 도구가 필요해요.

그중에서도 튜브버디, vidIQ 같은 유튜브 전략 툴로 경쟁 채널을 분석하고, 지금 뭐가 뜨는지 파악하며 콘텐츠 기반 커머스를 전략적으로 운영하는 법을 살펴보겠습니다.

## ▷ 왜 경쟁 채널을 꼭 봐야 할까?

'내가 잘 찍는 것'보다 '사람들이 찾는 것'이 중요하기 때문입니다. 유튜브 알고리즘은 '누가 더 귀엽게 찍었냐'를 보는 게 아니라, 다음 항목을 숫자로 보고 추천을 돌립니다.

- 사람들이 어떤 키워드를 검색하는가?
- 어떤 주제의 영상에 반응이 터지는가?
- 어떤 형식의 영상에서 시청 유지율이 높은가?

그래서 내가 좋아서 올리는 '우리 집 강아지 브이로그'보다 다음과 같이 사람들이 실제 찾는 주제가 더 잘 뜹니다.

- "강아지 발바닥 관리하는 법"
- "고양이 스트레스 줄여주는 장난감 추천"
- "강아지 치석 제거 꿀템 비교"

이를 가장 빠르게 알 수 있는 방법이 바로 이미 잘되는 경쟁 채널을 분석하는 것이고, 이 분석을 도와주는 대표적인 도구가 바로 튜브버디와 vidIQ입니다.

## ▷ 튜브버디

'내 영상 주제, 키워드, 썸네일까지 잡아주는 비서'입니다. 튜브버디는 유튜브 전용 확장 프로그램이에요. 크롬 브라우저에 설치하면, 유튜브 화면 안에 각종 분석 기능이 같이 떠서 작업하기 편합니다. 펫 커머스 채널에 특히 도움이 되는 대표 기능만 골라보면 다음과 같습니다.

**① 키워드 탐색기**

- 사람들이 많이 찾는 키워드(검색어)의 검색량, 경쟁 강도, 추천 점수를 보여줍니다.
- 예를 들어, '강아지 간식 추천', '고양이 자동 장난감'과 같은 키워드를 넣어보면 얼마나 많이 찾는지, 경쟁이 얼마나 치열한지, 지금 써도 괜찮은 키워드인지 점수로 보여줘요.

**② 채널·경쟁 분석**

- 내 채널과 경쟁 채널의 조회수·구독자·업로드 속도·성장 추세를 한눈에 비교할 수 있습니다.
- '저 집은 왜 요즘 갑자기 잘 나가지?'를 숫자로 확인하고 그 주제·형식을 참고할 수 있습니다.

**③ SEO 도우미 & 태그 추천**

- 영상 제목, 설명, 태그를 어떻게 쓰면 검색에서 더 잘 뜨는지 점수로 알려줍니다.
- 초보자도 '아, 이 키워드는 앞에 두고, 브랜드명은 뒤에 두는 게 좋구나' 하는 감을 잡을 수 있어요.

**④ 썸네일 A/B 테스트 & 분석**

- 썸네일 두 개를 번갈아 보여주면서 어떤 썸네일의 클릭률(CTR)이 더 높은지 테스트합니다.
- 펫 영상에서는 표정, 글자 크기, 색감 차이에 따라 클릭률이 크게 갈리기 때문에 특히 유용합니다.

## ▷ vidIQ

지금 뜨는 영상과 키워드를 실시간으로 보여주는 레이더입니다. vidIQ도 튜브버디처럼 유튜브 성장을 위한 도구인데, 조금 더 트렌디하고 실시간 성과 쪽에 강점이 있는 편입니다. 콘텐츠 커머스 채널에 쓸 만한 주요 기능을 보면 다음과 같습니다.

**① 키워드 분석 패널**

- '강아지 수제 간식 만들기'와 같은 키워드가 지금 시점에 얼마나 유망한지 바로 확인 가능합니다.

**② 경쟁 채널 성과 추적**

- 경쟁 채널을 등록해두면 최근 7, 14, 28일 동안 조회수, 급성장 중인 영상, 평균 일일 조회수 등을 자세하게 볼 수 있어요.
- 어제부터 갑자기 조회수가 튄 영상을 빠르게 캐치할 수 있어, 그 주제나 형식을 빠르게 벤치마킹하는 데 좋습니다.

**③ 실시간 트렌드·조회수 속도**

- 영상별로 시간당 조회수를 보여줘서 지금 막 뜨는 중인 영상을 골라볼 수 있습니다.
- 예를 들어, 경쟁 채널에서 '고양이 자동 화장실 리뷰'가 갑자기 시간당 조회수가 치솟으면, 지금 이 주제가 뜨고 있다는 신호로 볼 수 있죠.

### ④ AI 아이디어·제목 추천 등 부가 기능

- 채널 데이터를 기반으로 콘텐츠 아이디어, 제목, 설명을 제안해 주는 AI 기능도 있습니다.

## ▷ 튜브버디 vs vidIQ 비교 정리

둘 다 훌륭한 도구라 정답은 없지만, 콘텐츠 커머스 운영자 입장에서 느낌이 다릅니다. 아래 표로 간단히 정리해 볼게요.

| 항목 | 튜브버디 | vidIQ | 이런 분께 추천 |
|---|---|---|---|
| 강점 | 키워드 탐색, 썸네일·제목 A/B 테스트, 채널 안에서 바로 쓰는 SEO 기능이 탄탄 | 실시간 트렌드, 시간당 조회수, 경쟁 채널 성장 패턴 분석에 강함 | - 튜브버디: 처음 SEO·기초부터 다지고 싶은 사람<br>- vidIQ: “지금 뭐가 뜨고 있지?”를 빨리 알고 싶은 사람 |
| 키워드 기능 | Keyword Explorer로 검색량·경쟁도·점수 제공, 태그 추천까지 연계 | 검색창 아래 패널로 검색량·경쟁·점수 표시, 연관 키워드 확장에 강함 | 둘 다 필수급, 형식은 다르지만 기능는 유사 |
| 경쟁 채널 분석 | Channelytics Competitor Analysis로 채널 간 비교, 최근 30일 성장 추이 등 확인 | Competitors Tool로 7, 14, 28일 데이터, 급상승 영상, 시간당 조회수까지 제공 | - 튜브버디: 전체적인 비교<br>- vidIQ: 지금 뜨는 영상 캐치 |
| 썸네일·제목 테스트 | 썸네일·제목 A/B 테스트, 썸네일 분석 기능이 강점 | 썸네일 도구는 있으나, 강점은 경쟁·트렌드 분석 쪽 | 썸네일로 클릭률 올리고 싶으면 튜브버디 쪽 우세 |

| 추천 사용자 | 유튜브 SEO·구조를 차근차근 잡고 싶은 초보 펫 채널 | 이미 업로드는 하고 있고, 트렌드·경쟁 채널을 빠르게 따라잡고 싶은 채널 | 여유 되면 둘 다 함께 쓰는 조합이 가장 좋음 |
|---|---|---|---|

## ▷ '아이디어 → 분석 → 제작 → 검증' 4단계 활용

이제 실제로 펫 상품 커머스를 한다고 가정해 보겠습니다.

**① 아이디어: 경쟁 채널 히트 영상 훑기**

- vidIQ 경쟁 분석에서,
  - A채널: '강아지 발바닥 크림 비교' 영상이 최근 7일 조회수 급상승
  - B채널: '고양이 헤어볼 관리'가 시간당 조회수 상위
- 여기서 '발 관리' 또는 '헤어볼' 같은 키워드를 내 채널에서도 활용해 보기로 결정합니다.

**② 분석: 키워드·제목 다듬기**

- 튜브버디 Keyword Explorer에 '강아지 발바닥 관리', '강아지 발 크림 추천'을 넣어보고 검색량은 괜찮은데 경쟁이 너무 심하면 '소형견 발바닥 관리', '실내견 발바닥 크림'처럼 조금 더 구체적인 키워드를 찾습니다.
- vidIQ 검색 패널로 비슷한 키워드의 점수를 다시 한번 체크하고 검색량 대비 경쟁이 적당한 지점을 고릅니다.

### ③ 제작: 문제 해결형 숏폼으로 제작

- 단순히 우리 강아지 발바닥 자랑이 아니라 '바닥에서 미끄러지는 강아지? 이 한 번으로 발바닥 관리 끝'과 같이 문제를 먼저 던지고 제품으로 해결하는 구조로 잡아봅니다.
- 3초 안에 문제 상황 보여주기
- 제품 쓰는 장면
- 사용 전후 비교
- 화면 위 카드나 고정 댓글로 구매 링크 연동
- 이렇게 찍으면 단순 귀여움이 아닌 '아, 이거 우리 집 강아지도 필요하겠다'라는 구체적인 구매 욕구를 자극하게 됩니다.

### ④ 검증: 성과를 숫자로 비교하기

- 튜브버디로 이 영상의 클릭률(CTR), 검색 노출 키워드를 보고, 썸네일·제목을 추가로 수정해 봅니다.
- vidIQ로 업로드 후 48시간 동안 시간당 조회수가 경쟁 채널의 비슷한 영상과 비교해 어떤지 확인합니다.
- 성과가 좋을 경우, 비슷한 주제·형식의 영상 시리즈를 기획합니다.

## ▷ 귀여운 일상 영상 → 문제 해결형 영상으로 전환(가상 사례)

소규모 펫 용품 셀러 B사의 사례를 살펴보겠습니다.

- 초반에는 '우리 집 강아지 산책 VLOG', '고양이 낮잠 브이로그' 같은 귀여운 영상만 올렸습니다.
- 조회수 300~500회, 판매는 거의 0
- 이후 튜브버디 + vidIQ를 도입
- 경쟁 채널에서 '발바닥 크림', '실내견 발 관리' 콘텐츠가 계속 뜨는 것을 확인.
- 관련 키워드의 검색량과 경쟁도를 체크하고, '소형견 발바닥 관리법', '겨울철 발바닥 크림 필수템'과 같은 키워드 조합을 선정.
- '발바닥이 갈라진 강아지 → 크림 사용 → 다시 보송해지는 과정'을 30초 숏폼으로 제작.

그 결과는 다음과 같습니다.

- 첫발 관리 영상: 3만 뷰 이상
- 발 크림 제품: 하루에 수백 개 판매
- 채널 구독자: 단기간에 1,000명 이상 증가

충분히 현실에서 자주 나오는 패턴입니다. 핵심은 '우리 강아지 귀여움 보여주기'에서 시청자의 문제를 해결해 주는 영상으로 전환한 것이고, 그리고 그 방향을 튜브버디·vidIQ 데이터로 잡았습니다.

··· **마무리** ···

지금 영상 시장은 이미 '레드 오션 시대'입니다. 이때 필요한 건, 사람들이 실제로 찾는 키워드와 경쟁 채널에서 이미 검증된 주제·형식, 숏폼에 맞는 문제 해결형 구조입니다. 그리고 이런 것들을 쉽고 빠르게 보여주는 도구가 바로 튜브버디와 vidIQ입니다.

# 하나의 영상,
# 번역과 더빙으로 글로벌 공략

요즘 숏폼 플랫폼의 알고리즘은 사용자 흥미 위주로 돌아갑니다. 무슨 말이냐고요? 영상이 영어든, 한국어든, 일본어든 언어보단 '재미'가 중요하다는 뜻입니다. 예를 들어, 한국에서 만든 고양이 영상이 멕시코 유저 피드에 뜰 수 있고, 미국에서 찍은 패션 콘텐츠가 한국 릴스에 노출되기도 합니다. 그만큼 국가의 경계가 사라졌습니다. 하지만 아직 한 가지 허들이 있습니다. '저 사람 뭐라고 말하는 거야?'라는 순간의 이질감. 이걸 넘지 못하면 재미도, 공감도, 전파력도 줄어듭니다. 그래서 필요한 게 바로 AI 자막 번역과 더빙 기술입니다.

해외 시청자가 한국어 영상에서 한글 자막으로만 보는 것보다, 영어 자막 더빙까지 제공되면 더 몰입하게 됩니다. 소비자 입장에서는 익숙한 언어와 목소리가 들어간 콘텐츠를 훨씬 더 편하게 느낍니다.

## ▷ 실제 사례

- 한 한국 크리에이터가 자기 고양이 영상을 영어로 더빙했더

니 미국·남미에서 조회수가 수십 배 증가.

- 한 소상공인이 제품 설명 영상을 영어로 바꿔 업로드한 후 미국과 유럽에서 주문이 들어오기 시작.

이제 말만 한국어고, 실질적으론 다국적 콘텐츠인 시대입니다.

## ▷ 번역: DeepL

AI 번역 툴은 많지만, 특히 숏폼 자막용으로는 DeepL이 인기입니다. 이유는 단순합니다.

- 자연스러운 번역 품질
- 다양한 언어 지원
- 자막 파일(SRT) 업로드 가능

사용법도 간단합니다.

- 한국어 원본 영상에서 자동 자막 추출
- DeepL에 업로드 후 영어, 스페인어, 일본어 등으로 번역
- 번역 자막을 숏폼 영상에 삽입

오역도 적고, 문장 톤도 자연스러워서 영상 분위기를 해치지 않습니다.

## ▷ 더빙: ElevenLabs

영상에서 가장 몰입감을 주는 요소 중 하나는 바로 '목소리'입니다. 자막보다 더 강한 몰입을 주는 게 더빙인데, 이걸 AI가 완벽하게 해내는 시대가 왔습니다. 대표적인 AI 보이스 툴이 바로 ElevenLabs입니다.

- 감정, 억양, 속도까지 조절 가능
- 내 목소리를 업로드하면 다국어 버전 자동 생성
- 짧은 시간 안에 고퀄리티 음성 완성

더빙 과정도 간단합니다.

- 번역된 스크립트 입력
- 목소리 스타일 선택 (남성·여성·밝은·진지한 톤 등)
- 영상 길이에 맞춰 음성 자동 조정
- 다국어 버전(영어·스페인어·일본어 등) 완성

특히 목소리 품질이 진짜 사람과 거의 구분되지 않을 정도로 자연스럽습니다.

## ▷ 워크플로우

자, 이제 실제 작업 흐름을 요약해 볼게요. 초보자도 따라 할 수 있는

7단계입니다.

- 한국어 숏폼 영상 제작
- 자동 자막 추출
- DeepL로 자막 번역(SRT 파일)
- ElevenLabs에서 각 언어로 더빙
- 자막 + 음성을 영상에 입히기
- 틱톡·릴스·쇼츠 등 플랫폼별 업로드
- 각 나라에 맞는 해시태그와 링크 삽입

이렇게 하면, 영상 하나로 여러 나라 시장에 동시에 콘텐츠를 배포할 수 있습니다.

### ▷ AI 번역·더빙이 주는 진짜 효과

숏폼을 다국어로 만드는 게 단순히 '조회수 늘리자'는 수준의 전략이 아닙니다. 그 효과는 생각보다 훨씬 큽니다.

- 조회수 지역 분산 → 해외 노출 폭발
- 다국적 댓글 등장 → 알고리즘 반응 상승
- 글로벌 팬 확보 → 팔로워 구성 다양화
- 역직구 매출 증가 → 새로운 매출 채널 확보
- 브랜드 이미지 상승 → '해외도 아는 브랜드' 효과

작은 크리에이터도, 동네 가게 사장님도 AI 툴만 있으면 글로벌 경쟁력을 가질 수 있는 시대입니다.

… **마무리** …

기술은 이미 준비됐고, 방법도 어렵지 않습니다. 영상을 만들 수 있다면, 자막과 더빙도 클릭 몇 번으로 끝낼 수 있습니다. 이제 중요한 건 실행뿐입니다. 크리에이터도, 쇼핑몰도, 이제는 글로벌 콘텐츠 생산자가 될 수 있습니다. 그 시작은 여러분 손에 달려 있습니다. 오늘 찍은 영상이, 내일은 세계 시장에서 통할 수 있습니다.

# 영상이 팔까, 상품이 팔까?
# 영상 커머스의 본질

요즘 쇼핑은 콘텐츠에서 시작됩니다. 유튜브에서 스크롤을 멈춘 순간, 인스타그램에서 시청한 릴스 한 편이 어느새 장바구니를 채웁니다. 콘텐츠 커머스를 하는 크리에이터는 "콘텐츠가 더 중요한가, 상품이 더 중요한가?"라는 질문을 하게 됩니다.

사람들이 콘텐츠에 반응해 클릭하는 건 사실입니다. 하지만 상품이 기대에 못 미치면 그 고객은 다시 돌아오지 않습니다. 조회수는 높아도 매출로 이어지지 않습니다. 실제로 조회수 100만 숏폼을 올려도 상품 품질이 낮다면 매출은 일회성으로 끝납니다. 리뷰는 빠르게 악화되고, 브랜드 신뢰는 증발합니다.

## ▷ 콘텐츠 vs 상품, 무엇이 더 중요한가?

첫째, '콘텐츠가 더 중요하다는 주장'. 콘텐츠가 사람의 손가락을 멈춰 세웁니다. 감정과 공감, 웃음과 욕망을 불러일으키며 클릭이라는 행동을 만듭니다. 특히 숏폼은 구매 의도가 없는 순간에 재생됩니다. 마음을 사로잡는 영상 한 컷이 구매의 스위치를 켜는 셈입니다.

틱톡과 릴스 기반 매출의 상당 부분은 충동구매입니다. 사람들이 제품을 찾고 있는 것이 아니라, 콘텐츠를 즐기다 갑자기 상품을 발견하는 구조입니다. 그래서 콘텐츠는 첫 관문입니다.

둘째, '상품이 더 중요하다는 주장'. 반대로 상품이 좋지 않으면 매출은 유지되지 않습니다. 품질, 가격, 배송, 사후관리 같은 기본 요소가 불안하면 신뢰가 깨집니다. 플랫폼 알고리즘은 리턴율, 후기, 재구매율을 모두 감안해 노출을 조절합니다. 상품이 나쁘면 노출 자체가 줄어듭니다.

사례를 보면 더 분명합니다. A 크리에이터는 조회수는 잘 나왔지만 반품률이 25%였습니다. 플랫폼은 이를 위험 신호로 보고 노출을 떨어뜨렸습니다. 수익성은 급격히 나빠졌습니다. 반면 B 브랜드는 콘텐츠는 평범했지만 상품 품질과 패키징, 배송 만족도가 높아 반려동물 구독 상품에서 재구매율 42%를 기록했습니다. 결국 콘텐츠는 고객을 데려오고, 상품은 고객을 붙잡습니다.

셋째, '콘텐츠는 관심을, 상품은 신뢰를 만든다'. 관심이 매출을 여는 열쇠라면, 상품은 매출을 유지시키는 엔진입니다. 콘텐츠는 첫 구매를 만듭니다. 상품은 다음 구매를 만듭니다. 콘텐츠 커머스의 본질은 콘텐츠와 상품의 결합이 얼마나 완성도가 높은지에 달려 있습니다. 현장에서 자주 확인되는 공식도 있습니다.

**좋은 콘텐츠 × 괜찮은 상품 > 평균 콘텐츠 × 좋은 상품**

사람들은 콘텐츠에 의해 구매의 문을 열기 때문입니다. 가격이나 기능보다 콘텐츠에서 느끼는 감정이 더 빠르게 행동을 만듭니다. 하지만 반복 구매는 결국 상품이 책임집니다.

## ▷ 상품이 없는 크리에이터의 선택지

상품이 없어도 매출은 만들 수 있습니다. 단, 전략이 필요합니다. 콘텐츠는 잘 만드는데, 판매할 상품이 없다면 다음 전략들이 대안이 됩니다.

첫째, '자사몰과 제휴 협업'. 상품을 보유한 쇼핑몰과 협업해 콘텐츠를 제작하고 매출을 나누는 방식입니다. 크리에이터는 재고 리스크 없이 수익을 만듭니다. 패턴이 잡히면 안정적으로 운영할 수 있습니다. 예를 들어, 반려동물 크리에이터가 펫 간식 자사몰과 제휴해 영상 매출의 일정 비율을 정산받는 식입니다.

둘째, '제조·유통업체와 파트너십'. 많은 제조업체는 콘텐츠 제작 역량이 부족합니다. 크리에이터는 콘텐츠 생산력을 제공하는 대신 제품을 공급받아 판매하는 구조로 협업이 가능합니다. 지역 떡집의 제품을 리뷰하다가 기획 세트를 만들고 PB 상품으로 발전시키는 식의 모델이 가능합니다.

셋째, '소량 PB 상품 제작'. 자체 브랜드로 PB(Private Brand) 상품의 소량 생산이 가능합니다. 캐릭터나 팬층이 있는 크리에이터라면 굿즈나 팬 상품으로 시작할 수 있습니다. 시장 반응을 보고 점차 확장하면 됩니다.

넷째, '플랫폼 기반 제휴 모델 활용'. 쿠팡 파트너스 등은 상품 없이도 영상 콘텐츠만으로 수익을 만들 수 있습니다. 조회수 1만~3만 수준에서도 기반만 잘 잡으면 꾸준한 수익이 나옵니다.

**… 마무리 …**

콘텐츠는 고객을 데려오고, 상품은 고객을 붙잡으며, 둘의 조합이 콘텐츠 커머스의 생명력입니다. 어느 한쪽만 잘해선 지속될 수 없습니다. 핵심은 두 요소가 서로를 끌어올리는 조합을 만드는 것입니다. 콘텐츠는 시작이고, 상품은 지속입니다. 둘이 만나는 순간 매출이 폭발합니다

# 영상 커머스의 미래

*'광고는 사라지고,*
*콘텐츠 자체가 매출을 일으키는 시대.'*

조금 과장된 것 같지만, 이미 현실로 다가오는 변화입니다. 지금부터 콘텐츠 기반 커머스가 앞으로 어떻게 진화할지, 그리고 크리에이터·소상공인에게 어떤 기회가 열리는지 살펴보겠습니다.

## ▷ 모든 콘텐츠가 상점이 되는 시대가 온다

예전엔 광고가 따로 있었죠. 영상을 보고 있으면 갑자기 튀어나오는 광고, 웹툰을 보다가 갑자기 뜨는 배너. 그런데 요즘 소비자들은 이런 걸 거의 보지 않습니다. 대신 콘텐츠 속 장면에서 구매 욕구를 느끼죠. 예를 들어, 넷플릭스 〈에밀리 인 파리 시즌 4〉가 공개된 후, 주인공이 들고나온 가방 검색량이 급증하고 구매가 이어졌습니다. 넷플릭스와 구글의 협업으로 구매할 수 있게 되었습니다. 광고 때문이 아니라 그냥 장면 하나 때문이었어요. 즉, 콘텐츠가 곧 매대가 되는 시대가 열린 것이죠. OTT 드라마 시청 중에 '주인공이 입은 코트' 위로 바로 구매 연결 버튼이 뜨고, 이것을 클릭하면 색상, 사이즈, 미리보기도 나타납니다. 얼마 후면 OTT 앱에서 바로 결제하고 구매까지도 할 수 있게 될 것입니다.

## ▷ 숏폼에서 웹툰·드라마·애니·게임까지

지금까지의 콘텐츠 커머스는 거의 숏폼 중심이었어요. '잠깐 보고 마음 동하면 바로 사는 구조'였죠. 하지만 앞으로는 스토리 전체가 제품을 파는 시대가 됩니다.

첫째, 웹툰: 주인공이 쓰던 향수가 다음 컷에서 '구매하기'로 이어지는 시대. 네이버 웹툰은 이미 커머스 태깅을 실험 중이라고 합니다. 웹툰 캐릭터 소품이 상품으로 출시되면 앱 내에서 구매할 수 있습니다.

둘째, 드라마: 중국은 이미 드라마 속 패션, 가구, 조명까지 '화면 클릭 → 쇼핑' 사례가 나타나고 있습니다. 드라마 자체가 쇼핑몰이 되는 것입니다. 드라마 장면에서 옷, 가구, 소품을 바로 구매하는 '씬 커머스(Scene commerce)'가 성장할 전망입니다.

셋째, 애니메이션: 캐릭터 굿즈뿐만 아니라, 캐릭터가 '사용하는 생활 제품'까지도 확장될 수 있습니다.

넷째, 게임: 메타버스·아바타 커머스는 현실 상품 연동까지 확대될 것입니다. 메타버스 안에서 아바타가 쓰는 모자 같은 아이템도 '직접 체험하듯' 구매할 수 있습니다. 과거엔 광고가 '콘텐츠 앞'에 붙었지만, 미래엔 상품이 콘텐츠 속에 자연스럽게 살아 움직입니다.

## ▷ 이제는 콘텐츠 보면서 바로 구매

지금은 제품을 살 때 '검색 → 비교 → 장바구니'라는 공식이 있죠. 하지만 이 방식은 점점 사라지고 있습니다. 왜냐하면 AI가 콘텐츠 속 상품을 자동으로 인식하고 '이거 사고 싶지?'라면서 상품을 바로 보여주니까요.

예를 들어, 영상 속에서 강아지가 귀여운 발패드를 밟고 있으면, 화면 아래 자동으로 '구매하기' 버튼이 생성되고, 드라마 속 가방을 터치하면 바로 결제창으로 연결되는 것입니다. 즉, 검색이라는 단계가 사라지고, 소비자는 '보면서' 사고, 브랜드는 '보여주면서' 파는 구조가 됩니다.

## ▷ AI 기술의 비약적 진화

### ① 콘텐츠 제작 → 쇼핑 태깅 → 전환까지 자동화

- 이 변화의 중심에는 AI가 있습니다.

② **AI 콘텐츠 제작**

- Sora·Runway·Pika 같은 기술로 영상·드라마·웹툰까지 자동 제작이 가능해짐.

③ **AI 쇼핑 태깅**

- 영상 속 신발·가방·간식·조명 등을 AI가 실시간으로 인식해 자동 태깅

④ **AI 추천**

- 사용자 취향 기반으로 영상·드라마·웹툰 속에 '내가 좋아할 만한 제품'을 자동 배치

⑤ **AI 분석**

- 조회수·전환율·구매 흐름을 AI가 분석해 리메이크 영상, 썸네일, 후크 포인트까지 자동으로 다시 생성. 예를 들어, 크리에이터가 펫 영상을 올리면 AI가 자동으로 '사용된 패드·간식'을 찾아 태그하고, 영상 자체가 바로 스토어가 되는 구조입니다.

## ▷ 메타버스에서 걷다가 쇼핑하는 시대

앞으로는 드라마 보는 것뿐 아니라 가상 공간에서 '걸어 다니며 쇼핑'하는 시대가 옵니다. 메타버스가 거대한 쇼핑몰이 될 것입니다.

- 드라마 속 인테리어를 메타버스에서 그대로 재현
- 마음에 드는 의자에 앉아보고
- '구매하기'를 클릭하면 바로 결제됨
- 아바타가 쓰는 모자나 가방 → 실물 버전 구매 가능

이미 ZEPETO·로블록스·포트나이트에서 브랜드 패션 아이템이 실제로 판매되고 있어요. 이건 단순 트렌드가 아니라 콘텐츠 기반 커머스의 다음 성장 엔진입니다.

## ▷ 브랜드·크리에이터의 기회

콘텐츠 커머스의 미래는 상품을 어떻게 보여주느냐가 아니라 '어떤 스토리에서 살아 있게 만들 것이냐'의 경쟁입니다.

① **브랜드에게는,**

- 상품을 '영상 나오기 좋은 형태'로 설계해야 함
- 브랜드 스토리 사세기 콘텐츠가 되어야 함
- 미니 드라마형 광고, 웹툰 스토리텔링이 핵심 전략으로 떠오름

② **크리에이터에게는,**

- 영상 하나가 글로벌 매출로 직결됨
- AI 번역·더빙으로 해외 확장 쉬워짐

- 팬층과 상품 간 연결이 폭발적으로 강화됨

## ▷ 앞으로 5년, 쇼핑의 개념이 바뀐다

쇼핑은 더 이상 네이버에서 검색하거나, 쇼핑몰에서 비교하고, 쿠폰 적용하는 식으로 이루어지지 않습니다. 앞으로의 쇼핑은 콘텐츠 안에서 '보고 → 사고 싶은 순간 → 바로 결제'입니다. AI가 제작하고, 스토리가 판매하고, 소비자는 '감정'으로 클릭하는 세상. 콘텐츠 커머스는 이제 막 시작됐고, 2026~2030년 가장 빠르게 성장하는 산업이 될 것입니다.

**… 마무리 …**

가까운 미래에 쇼핑은 플랫폼이 아니라 콘텐츠 안에서 이뤄지게 됩니다. 'AI + 콘텐츠 + 커머스'가 하나로 결합되어 '초융합 커머스 시대'가 열릴 것입니다. 소비 방식이 변하면서 크리에이터나 소상공인에게 기회의 문도 함께 열릴 것입니다. 미래는 준비하는 자에게만 온다고 합니다. 콘텐츠 커머스의 미래를 잡으시길 바랍니다.